westermann

TEAM LUPE ERMITTELT

Konzert in Gefahr

Erarbeitet von
Sarina Anjum, Borken
Anna-Katharina Lukas, Erlensee

Lesen
FÖRDERN

INHALT

Kapitel geschafft?
Dann hake es
in diesen Feldern ab.

Unser Fall: Konzert in Gefahr

Lulu, Umut, Paul und Elsa machen bei der Ferien-Chor-Woche mit.
In der Musikschule entdecken sie ein Plakat:
Ferienkonzert mit dem Kinderchor.
„Cool!“, sagt Umut. „Das wusste ich gar nicht.“
Herr Moll, der Chorleiter, wollte die Kinder überraschen.
Ein Junge und ein Mädchen dürfen beim Konzert sogar ein Solo singen.
Jeder, der mag, singt nun ein kurzes Lied alleine vor.
Am Ende wählt Herr Moll Umut und Mia aus. Sofie beschwert sich:
„Ich bin genauso gut wie Mia! Warum darf ich kein Solo singen?“
Herr Moll tröstet Sofie: „Diesmal habe ich Mia ausgewählt.
Vielleicht kannst du beim nächsten Konzert das Solo singen.“
Nach der Probe geht TEAM LUPE als Letztes raus.
Umut zischt: „Leute, schaut mal, das Plakat!
Es wurde von der Wand gerissen! Meint ihr, das war Absicht?“
Elsa, Paul und Lulu rufen: „Das finden wir heraus!
Super! Ein neuer Fall für TEAM LUPE!“

„Ein neuer Fall für TEAM LUPE!“
Finde die Hinweise und löse mit den Detektiven das Rätsel um das Konzert in Gefahr.

Gute Freunde

Umut fährt mit seinem Fahrrad auf den Hof. Elsa und Clemens winken ihm zu. „Hallo!“, ruft Umut.

Elsa meint: „Ich habe Hütchen dabei. Wir können Slalom fahren üben.“ Diese Idee findet Umut super. Clemens sagt nichts. Elsa und Umut fahren zuerst. Dann ruft Elsa: „Jetzt bist du dran, Clemens!“

Da fängt Clemens an zu weinen. Umut fragt: „Clemens, was ist denn?“ Clemens flüstert: „Ich kann nicht Fahrrad fahren.“ Elsa und Umut versuchen, Clemens zu trösten.

Dann schlägt Umut vor: „Wir bringen dir das Radfahren bei.“ „Wirklich?“, fragt Clemens leise. Elsa nickt und antwortet: „Versuch es gleich einmal.“ Clemens nimmt den Helm und setzt sich auf den Sattel. Umut fasst das Rad am Gepäckträger an. Elsa fasst den Lenker an der Seite an.

Clemens steigt auf die Pedale. Wackelig fährt er los. Dabei ruft er begeistert: „Es klappt schon ein bisschen!“

1 In welcher Zeile stehen diese Wörter? Schreibe.

Hof	*Zeile:* 1	Hütchen	*Zeile:* ______
Slalom	*Zeile:* ______	Idee	*Zeile:* ______
Radfahren	*Zeile:* ______	Seite	*Zeile:* ______

Erzähltext

2 Welche dieser Begriffe werden im Text genannt?
Kreise sie ein.

Rücklicht Helm Klingel
Pedale Gepäckträger
Sattel Bremse Lenker

3 Beschrifte das Fahrrad.
Verwende **die eingekreisten Wörter** aus Aufgabe 2.

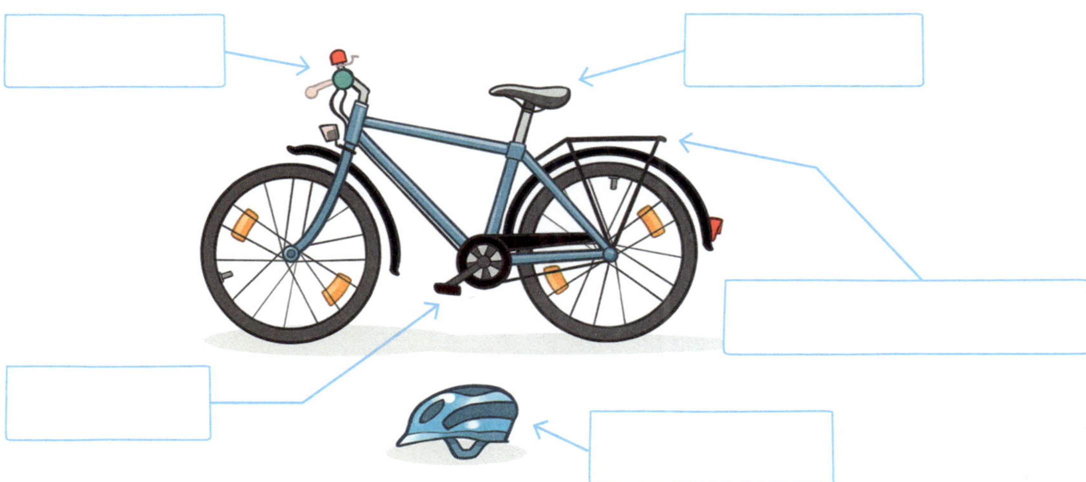

4 Wer sagt was?
Verbinde jedes Kind mit der passenden Sprechblase.

› einem Text Informationen entnehmen
› Aussagen zum Text überprüfen

Gebrauchstext: Spielanleitung

Käsekästchen

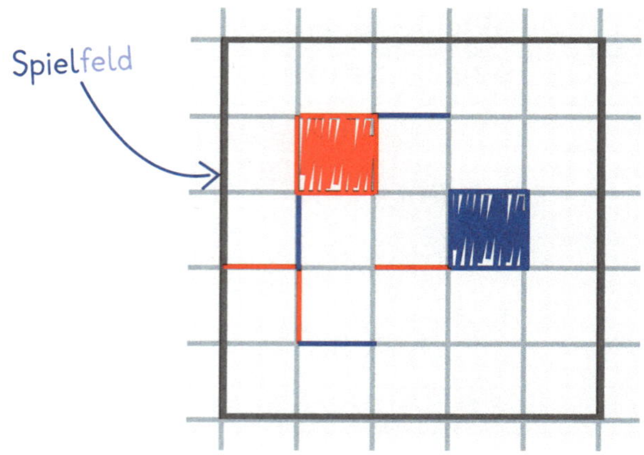

Du brauchst:

- Blatt mit Kästchen
- Bleistift
- Lineal
- blauen und roten Stift

Spielvorbereitung:

Zeichne das Spielfeld.
Das Spielfeld ist fünf Kästchen breit und fünf Kästchen hoch.
Benutze Bleistift und Lineal.

Spielregeln:

Wenn ein Kind an der Reihe ist, zeichnet es eine Linie in das Spielfeld.
Wer am Ende die meisten Kästchen erobert, hat gewonnen.

1.
Das erste Kind zieht eine Kästchen-Linie mit dem blauen Stift nach.

2.
Das zweite Kind zieht eine andere Kästchen-Linie mit dem roten Stift nach.

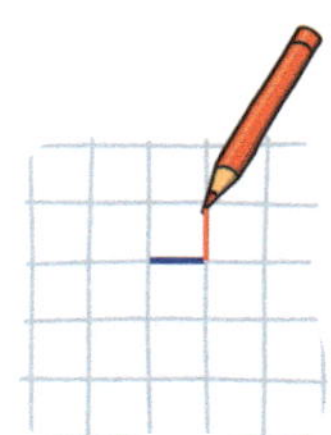

3.
Schließt ein Kind ein Kästchen mit der vierten Linie, hat es das Kästchen erobert.

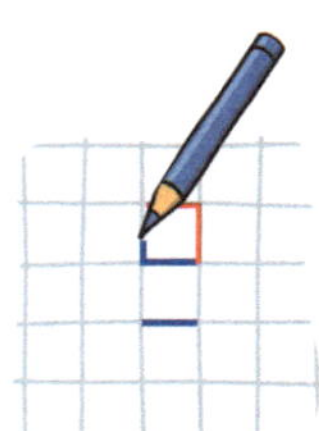

Dieses Kästchen darf das Kind dann anmalen.

Gebrauchstext: Spielanleitung

1 Wie groß ist das Spielfeld? Unterstreiche im Text.

2 Welches Spielfeld wurde richtig gezeichnet?
Kreuze an.

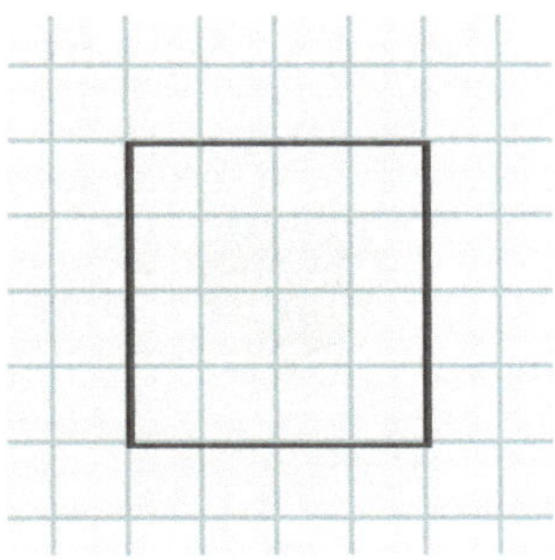

☐

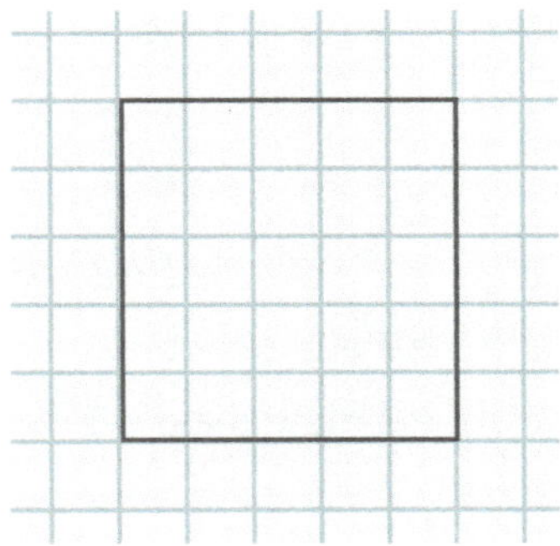

☐

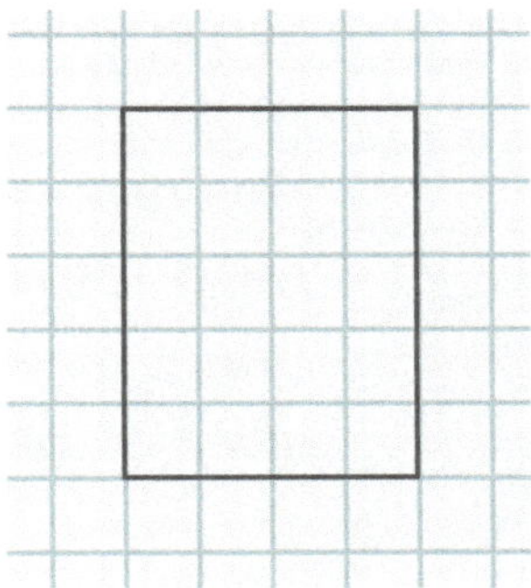

☐

3 Was stimmt? Was stimmt nicht?
Kreuze an.

	👍	👎
Das Spielfeld wird mit Filzstift und Lineal gezeichnet.	☐	☐
Pro Spielzug darf nur eine Kästchen-Linie gezogen werden.	☐	☐
Mit der dritten Linie wird ein Kästchen geschlossen.	☐	☐
Wer ein Kästchen schließt, darf es anmalen.	☐	☐
Wer die wenigsten Kästchen anmalt, der gewinnt.	☐	☐
Wer die meisten Kästchen anmalt, der gewinnt.	☐	☐

› Einzelinformation im Text finden und markieren
› Textinhalt und Bilder aufeinander beziehen
› Fragen zum Text beantworten

Sprachspiel: Gedicht

Der Fußball-Streit

A
Die Kinder spielen, Tom ist im Tor,
leider kommt Treffer um Treffer vor.
Da wird Tom so richtig sauer,
schießt den Ball weit über die Mauer.

B
Das ärgert die anderen Kinder sehr,
auch Tom ist wütend, vielleicht noch mehr.
Sauer nimmt er dann Reißaus,
verlässt den Platz und rennt nach Haus'.

C
Als die Wut verschwunden ist,
merkt Tom, dass er die Kinder vermisst.
Er klingelt beim Nachbarn, holt den Ball zurück,
die Kinder verzeihen ihm – was für ein Glück.

1 Welche Strophe passt zu welchem Bild?

Trage die Buchstaben A bis C ein.

B

Sprachspiel: Gedicht

2 Verbinde die passenden Reimwörter aus dem Gedicht.

Die Wörter **sehr** und **mehr** sind **Reimwörter**.

sauer	bereit
Streit	Mauer
sehr	Glück
zurück	mehr

3 Beantworte die Fragen. Kreuze an.

Wohin schießt Tom den Ball?

- ☐ über den Zaun
- ☐ auf den Baum
- ☐ über die Mauer

Wohin läuft Tom direkt nach dem Streit?

- ☐ zur Schule
- ☐ nach Hause
- ☐ zum Tor

Bei wem klingelt Tom in der letzten Strophe?

- ☐ bei einem Freund
- ☐ bei den Kindern
- ☐ beim Nachbarn

4 Worum geht es in dem Gedicht? Kreuze an.

- ☐ Kinder spielen ohne Streit zusammen Fußball.
- ☐ Kinder streiten und vertragen sich wieder.
- ☐ Kinder machen sich Mut und helfen einander.

› den Fachbegriff Reimwörter kennen
› Reimwörter zuordnen
› Fragen zum Text beantworten

Detektivwissen überprüfen

Im Schwimmbad

Samu steht ängstlich auf dem Startblock. Aber er traut sich zu springen. Danach klatscht Samu stolz bei Umut ab.

Ein Mädchen sieht das und ruft: „Springt doch mal vom Turm!“ Da wird Samu ganz rot im Gesicht. Umut merkt, dass Samu Angst vor dem Turm hat. Wie kann er Samu nur helfen? Zum Glück hat Umut eine Idee.

Er tut so, als hätte er selbst Angst vom Turm zu springen. Er flunkert: „Samu, der Turm ist mir zu hoch. Können wir nicht hier bleiben?“ Samu versteht Umuts Trick. Er nickt. Da läuft das Mädchen lachend davon. Umut und Samu ist das egal. Sie grinsen sich zufrieden an.

1 Was stimmt? Was stimmt nicht?
Kreise ein und schreibe das Lösungswort auf.

	👍	👎
Umut und Samu springen vom Turm.	S	I
Ein Mädchen ruft Umut und Samu etwas zu.	D	E
Samu wird ganz grün im Gesicht.	R	E
Umut will Samu helfen.	E	M

Lösungswort: ◯ ◯ ◯ ◯

Spurensicherung: Der 1. Hinweis!

Elsa fotografiert mit dem Tablet das zerstörte Plakat und überlegt: „Vielleicht war das Sofie? Sie hat sich vorhin ganz schön aufgeregt.“
Lulu sagt: „Wir fragen Sofie einfach.“
Elsa kennt den Weg zu Sofie.
Zehn Minuten später sind die Detektive am Ziel.
Sie klingeln und Sofies Mutter macht auf.
Elsa fragt: „Hallo! Ist Sofie zu Hause? Wir würden gerne kurz mit ihr reden.“ Sofies Mutter nickt. „Ja, Sofie ist gerade in ihr Zimmer gerannt. Aber sie hat ihr Schild *NICHT STÖREN!* an die Tür gehängt. Kommt doch morgen wieder.“ TEAM LUPE verabschiedet sich.
Paul sagt stolz: „Ich wusste gleich, dass Sofie zu Hause ist. Ich habe ihre Schuhe im Flur gesehen!“

? Welche Schuhe gehören Sofie? Sie haben fünf Streifen, graue Schnürsenkel und eine weiße Sohle.

☐ blaue Schuhe

1a

☐ grüne Schuhe

1b

Erzähltext

Es war einmal ein armes Mädchen, das lebte alleine mit seiner Mutter. Die beiden hatten nichts zu essen. Das Mädchen ging in den Wald hinaus und traf dort eine alte Frau. Die Frau schenkte dem hungrigen Kind ein Töpfchen. Mit dem Spruch: „Töpfchen, koche“, kochte das Töpfchen süßen Brei. Mit dem Spruch „Töpfchen, steh“ hörte es wieder auf zu kochen.

Ab diesem Tag mussten Mutter und Tochter nie wieder Hunger haben. Die beiden aßen so oft süßen Brei wie sie wollten.

Als das Mädchen einmal nicht zu Hause war, sagte die Mutter: „Töpfchen, koche“ und das Töpfchen kochte. Dann sollte das Töpfchen wieder aufhören zu kochen. Doch der Mutter fielen die richtigen Worte nicht mehr ein. Deshalb kochte das Töpfchen immer weiter. Irgendwann war das ganze Haus voll mit Brei. Dann füllte sich das Nachbarhaus mit Brei. So ging es weiter, bis das Mädchen nach Hause kam und sagte: „Töpfchen, steh.“ Seit damals muss jeder, der in die Stadt will, sich durch den Brei essen.

Nach einer Erzählung der Brüder Grimm

1 Welche Überschrift passt zu diesem Märchen? Schreibe sie über den Text.

Der süße Brei

Der süße Teig

Der süße Reis

› die Textsorte Märchen kennen
› passende Überschrift zuordnen

Erzähltext

2 Welche Reihenfolge ist richtig? Trage die Zahlen von 1 bis 6 ein.

3 Welche Aussagen passen zum Märchen?
Male die 2 Sprechblasen gelb an.

› Textinhalt und Bilder aufeinander beziehen
› Aussagen zum Text überprüfen

Essen in aller Welt

Das Essen in jedem Land ist unterschiedlich. Kennst du diese Gerichte?

In Syrien essen die Menschen oft Hummus. Hummus bedeutet „Kichererbse“, denn es ist ein Brei aus Kichererbsen. Der Brei wird noch mit Öl und Gewürzen gemischt.

In Japan gibt es häufig Misosuppe. Miso ist eine Paste aus Sojabohnen. Durch die Paste bekommt die Suppe den Geschmack. Außerdem kommen in die Suppe zum Beispiel Nudeln, Tofu und verschiedenes Gemüse.

In Peru steht häufig das Gericht Pachamanca auf dem Tisch. Dafür werden verschiedene Fleischsorten mit Kartoffeln und anderem Gemüse in ein Maisblatt gewickelt.

Ein typisches Gericht in Spanien ist Paella (gesprochen Paeja). Das ist ein Reisgericht mit Fleisch oder Meeresfrüchten* und Gemüse. Safran färbt den Reis gelb. Safran ist ein Gewürz. Die Paella kochen die Menschen in einer großen Pfanne.

Meeresfrüchte
Das sind zum Beispiel Muscheln, Garnelen oder Krabben.

1 In welcher Zeile stehen diese Wörter? Schreibe.

Öl	*Zeile:* ______	Pachamanca	*Zeile:* ______
Misosuppe	*Zeile:* ______	Pfanne	*Zeile:* ______

2 Unterstreiche im Text die Namen der vier Länder.

3 Verbinde jedes Gericht mit dem passenden Bild und Land.

Pachamanca		 Spanien
Paella		 Japan
Hummus		 Peru
Misosuppe		 Syrien

4 Was stimmt? Was stimmt nicht?
Kreuze an.

	👍	👎
Hummus bedeutet Kichererbse.	☐	☐
Hummus wird noch mit Essig und Obst gemischt.	☐	☐
Miso ist eine Paste aus Linsen.	☐	☐
Pachamanca steht häufig in Peru auf dem Tisch.	☐	☐
Paella ist ein Reisgericht.	☐	☐
Paella wird in einem Topf gekocht.	☐	☐

5 Worum geht es in dem Text? Kreuze an.

- ☐ Es geht um Getränke aus verschiedenen Ländern.
- ☐ Es geht um Gerichte aus verschiedenen Ländern.

› einem Text Informationen entnehmen
› Aussagen zum Text überprüfen
› die Kernaussage eines Textes verstehen

Yoga für Kinder

____

1. Denke an eine Maus. Setze dich auf deine Knie.
   Dein Po sitzt dabei auf deinen Füßen.
2. Beuge deinen Oberkörper nach vorne
   bis deine Stirn den Boden berührt.
3. Deine Arme ziehst du nach hinten
   und legst deine Hände neben deinen Beinen ab.

____

1. Denke an einen Hund.
   Gehe in den Vierfüßlerstand, also auf Hände und Knie.
   Deine Zehenspitzen sind aufgestellt.
2. Nun hebe den Po nach oben,
   sodass deine Beine und Arme durchgestreckt sind.
   Dein Kopf bleibt locker zwischen den Armen hängen.
3. Bleibe kurz in dieser Haltung und belle leise wie ein Hund.

____

1. Denke an eine Katze. Gehe in den Vierfüßlerstand,
   also auf Hände und Knie. Deine Füße liegen flach auf.
2. Dein Rücken ist gerade und du schaust auf den Boden.
3. Forme nun einen Katzenbuckel mit deinem Rücken.
   Deinen Kopf beugst du dabei Richtung Bauch.
4. Bleibe kurz in dieser Haltung und miaue leise wie eine Katze.

Gebrauchstext: Anleitung

1 Ordne die Überschriften den passenden Texten zu. Schreibe.

Die Katze | Der Hund | Die Maus

2 Ordne die Yoga-Übungen den Kindern zu. Schreibe.

3 Welche Bewegung gehört zu welcher Yoga-Übung? Kreuze an.

Bewegung	**Maus**	**Katze**	**Hund**
Der Po sitzt auf den Füßen.			
Die Zehenspitzen sind aufgestellt.			
Der Rücken formt einen Katzenbuckel.			
Die Hände werden neben den Beinen abgelegt.			
Die Beine und Arme werden durchgestreckt.			
Der Kopf wird Richtung Bauch gebeugt.			
Die Stirn berührt den Boden.			

› Überschriften zuordnen
› Textinhalt und Bilder aufeinander beziehen
› einem Text Informationen entnehmen

Monstermäßige Entspannung

Ich habe einen runden Körper.
Ich sehe freundlich aus.
Meine Augen schauen dich an.
Ich habe zwei davon.
Mein Fell ist orange
und meine Hörner sind lila.
Ich entspanne gerne bei etwas Musik.

Ich habe einen grünen Körper.
Meine Augen sind blau und gelb.
Sie sind sehr riesig.
An meinem Kopf sind
zwei schwarze Hörner.
Ich habe sehr viele Arme.
Am liebsten lese ich in meinem Sessel.

Ich habe einen runden Körper.
In meinem Mund
sind viele Zähne zu sehen.
An meinem Körper sind zwei Flügel.
Die Flügel sind blau.
Ich habe drei Augen.
Ich kuschle gerne auf dem Sofa.

1 Verbinde die Texte mit den passenden Bildern.

Sprachspiel: Monster-Rätsel

2 Was stimmt? Was stimmt nicht?
Kreuze an.

	stimmt	stimmt nicht
Das Monster mit den grünen Hörnern hört Musik.	☐	☐
Das Monster mit den schwarzen Hörnern liest gerne.	☐	☐
Alle Monster sehen sehr wütend aus.	☐	☐
Zwei Monster haben einen runden Körper.	☐	☐
Ein Monster hat zwei Flügel.	☐	☐
Alle Monster haben Hörner an ihrem Kopf.	☐	☐

3 Lies den Text.
Male das Monster passend an.

Ich bin dick und habe zwei Augen.
Ein Auge ist blau.
Das andere Auge ist grün.
Mein Fell ist orange.
Ich habe eine grüne Zunge.
Ich entspanne am liebsten
im Wald.

› Aussagen zum Text überprüfen
› einem Text Informationen entnehmen und zeichnerisch umsetzen

Detektivwissen überprüfen

Regentage

Draußen schlagen Regentropfen auf die Straße,
und bunte Regenschirme tanzen zu dem Takt.
Sie sitzt am Fenster und sieht zu.
Draußen schlagen Regentropfen auf die Straße.
Es plätschert, klopft und trommelt laut.
Ruhe und Geborgenheit spürt sie in ihrem Herzen.
Draußen schlagen Regentropfen auf die Straßen,
und bunte Regenschirme tanzen zu dem Takt.

1 Unterstreiche im Text alle Wörter mit „Regen“.

2 Beantworte die Fragen.
Kreuze an.

Wie sehen die Regenschirme aus?

☐ blau ☐ bunt ☐ braun

Worauf schlagen die Regentropfen?

☐ auf das Dach ☐ auf die Wiese ☐ auf die Straße

3 Wer sitzt am Fenster?

☐ eine Frau ☐ ein Junge ☐ zwei Kinder

› Einzelinformationen in einem Text finden
› Fragen zu einem Text beantworten
› den eigenen Lernstand einschätzen

Spurensicherung: Der 2. Hinweis!

Am nächsten Tag kommt TEAM LUPE extra früh zur Probe.
Sofie hilft gerade, die Stühle aufzustellen.
„Können wir kurz mit dir reden?“, fragt Elsa.
„Keine Zeit, vielleicht später!“, antwortet Sofie.
Die Probe beginnt und die Kinder singen sich ein: La-le-lu-lo-li.
Herr Moll sagt zu Mia: „Du darfst ruhig lauter singen.“
Mia wird rot und nickt.

Plötzlich ruft Herr Moll: „Wo sind eigentlich die Noten für das Konzert?
Ich habe sie gestern auf das Klavier gelegt. Jetzt sind sie weg!
Hat jemand von euch sie gesehen?“
Alle fangen an zu suchen. Umut hat Glück und findet die Noten.
„Hier sind sie!“, ruft er stolz.

?

Löse das Kreuzworträtsel.
Dann erfährst du, wo die Noten versteckt sind.

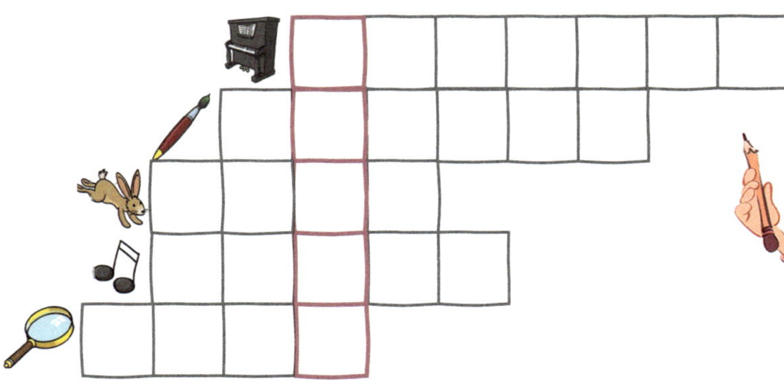

☐ Regal

2a

☐ Kiste

2b

Nur eine Blüte zum Abendessen

Paul ist mit seiner Oma im Garten.
Dort gibt es viel Gemüse: Zwiebeln, Karotten, Brokkoli,
Radieschen, Erbsen und Blumenkohl.
A Paul harkt die Erde. Oma zieht das Unkraut heraus.
Dann gießen sie die Gemüsepflanzen.
Paul meint: „Gartenarbeit macht richtig Spaß."
Oma lächelt und freut sich.

Paul fragt: „Essen wir heute Abend etwas von dem Gemüse?"
Oma antwortet: „Zum Abendessen gibt es nur eine Blüte."
Paul ist verwirrt. Was meint Oma damit?
B Da schneidet Oma einen Blumenkohlkopf ab.
Sie erklärt: „Beim Blumenkohl essen wir die Blüte,
auch wenn es gar nicht danach aussieht.
Deshalb sagen wir zu Blumenkohl auch Blütengemüse."

Oma gibt Paul den Blumenkohl.
Dann legt sie ein Netz über das Beet.
Paul wundert sich: „Warum, machst du das Oma?"
C Oma erklärt: „Das Netz schützt den Blumenkohl vor Kaninchen,
die ihn sonst wegfressen könnten."
Paul findet es toll, dass Oma so viel weiß.

1 Welcher Absatz gehört zu welchem Bild?
Trage die Buchstaben A bis C ein.

› zentrale Aussagen von Textabschnitten erfassen und Bilder zuordnen

2 Unterstreiche im Text die Wörter:

Zwiebeln   Brokkoli   Radieschen   Erbsen

3 Finde die Gemüsesorten aus Aufgabe 2 im Suchsel.
Kreise sie ein.

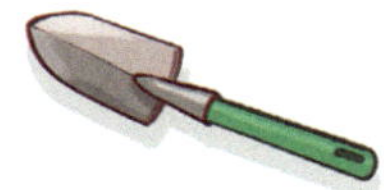

R	U	B	R	O	K	K	O	L	I	S	N
A	N	I	B	T	S	R	N	E	P	T	E
U	K	P	O	L	T	A	I	V	L	B	M
K	E	D	M	U	E	R	B	S	E	N	D
L	W	C	H	Z	J	F	G	T	R	I	P
P	O	R	A	D	I	E	S	C	H	E	N
Z	W	I	E	B	E	L	N	O	S	T	A

4 Beantworte die Fragen. Kreuze an und schreibe.

Wer harkt die Erde?

☐ Paul   ☐ Oma   ☐ Paul und Oma

Wie wird Blumenkohl noch genannt?

☐ Stielgemüse   ☐ Blütengemüse   ☐ Wurzelgemüse

Vor welchem Tier schützt das Netz den Blumenkohl?

____

____

› Textstellen finden
› Einzelinformationen in einem Suchsel finden
› Fragen zu einem Text beantworten

*Plastik
Das Fachwort für Plastik ist Kunststoff.

Überall Plastik*

Deine Brotdose, deine Mappen, dein Spielzeug – diese Dinge bestehen meistens aus Plastik.

Warum sind so viele Dinge aus Plastik? Plastik hat einige Vorteile. Es ist zum Beispiel leicht, bruchfest und ziemlich billig.

Plastik hat aber auch viele Nachteile. Zum Beispiel entsteht durch Plastik sehr viel Müll. Wenn ein Stück Holz im Wald liegt, dann verrottet es und ist irgendwann ganz verschwunden. Wenn eine Plastikflasche im Wald liegt, dann verrottet sie nicht. Sie bleibt einfach dort liegen. Plastik braucht vermutlich 450 Jahre, bis es endlich zerfällt.

Wenn wir Plastik vermeiden, dann schützen wir damit die Umwelt. Diese Tipps können dabei helfen:

- Nimm einen Stoffbeutel und keine Plastiktüte zum Einkaufen.
- Nimm dein Eis in einer Eiswaffel und nicht in einem Eisbecher.
- Iss keine Süßigkeiten, die einzeln verpackt sind.
- Iss Joghurt aus dem Glas, statt aus dem Plastikbecher.
- Benutze eine wiederverwendbare Trinkflasche.

1 In welcher Zeile stehen diese Wörter? Schreibe.

Vorteile	*Zeile:* ______	Umwelt	*Zeile:* ______
Nachteile	*Zeile:* ______	Tipps	*Zeile:* ______

2 Welche dieser Dinge aus Plastik werden im Text genannt?
Kreise sie ein.

3 Beantworte die Fragen.
Kreuze an.

Was ist ein Vorteil von Plastik?

- [ ] Plastik ist schwer.
- [ ] Plastik ist billig.
- [ ] Plastik ist zerbrechlich.

Was ist ein Nachteil von Plastik?

- [ ] Durch Plastik entsteht viel Müll.
- [ ] Plastik riecht sehr schlecht.
- [ ] Plastik ist teuer.

› Text und Bild aufeinander beziehen
› einem Text Informationen entnehmen

Gebrauchstext: Tabelle

Wildpark Neustadt

Fütterungsplan

	9.30 Uhr	10.30 Uhr	11.00 Uhr	15.00 Uhr	15.30 Uhr
Montag	Dachs	Fuchs	Wolf	Bergziege	Wildkatze
Dienstag	Dachs	Fuchs	Waschbär	Luchs	Alpaka
Mittwoch	Dachs	Fuchs	Wolf	Bergziege	Wildkatze
Donnerstag	Dachs	Fuchs	Waschbär	Luchs	Alpaka
Freitag	Dachs	Fuchs	Wolf	Bergziege	Wildkatze

1 Verbinde Bild und Wort passend.

Bergziege

Alpaka

Luchs

Waschbär

Fuchs

Wolf

Dachs

Wildkatze

› Tabellenaufbau verstehen
› Wort- und Bildzuordnung

Gebrauchstext: Tabelle

2 Beantworte die Fragen. Schreibe auf.

Welche Tiere werden am Montag gefüttert?

____

____

Welche Tiere werden am Dienstag gefüttert?

____

____

3 Male den Weg der Tierpflegerin blau aus.

› einer Tabelle Informationen entnehmen
› Tabelleninhalt und Bild aufeinander beziehen

Sprachspiel: Logical

Wer ist wer?

Louis malt ein Bild mit Fantasie-Vögeln.
Sie haben unterschiedliche Namen. Aber wer ist wer?

1. Der Vogel ganz links ist weiß.
2. Susi sitzt ganz links.
3. Coco sitzt ganz rechts.
4. Hansi ist schwarz und sitzt neben Coco.
5. Coco ist braun.
6. Der blaue Vogel ist neben dem schwarzen Vogel.
7. Kiki sitzt zwischen Susi und Hansi.

1 Schreibe zu jedem Vogel den passenden Namen.

2 Male jeden Vogel in der passenden Farbe an.

› die Textsorte Logical kennen
› einem Text Informationen entnehmen und zeichnerisch umsetzen

Wer ist wer?

Elsa geht mit Uno spazieren. Sie begegnen vier anderen Hunden. Elsa kann sich nicht mehr an die Namen erinnern.

1. Bello sitzt ganz rechts.
2. Fred hat weißes Fell und sitzt neben Bello.
3. Der Hund neben Bello hat ein lila Halsband.
4. Bello hat ein grünes Halsband.
5. Alba sitzt neben Fred. Sie hat ein gelbes Halsband.
6. Lilly hat ein blaues Halsband.
7. Lilly hat braunes Fell.
8. Die zwei übrigen Hunde haben schwarzes Fell.

1 Schreibe zu jedem Hund den passenden Namen.

2 Male jeden Hund und sein Halsband in der passenden Farbe an.

› die Textsorte Logical kennen
› einem Text Informationen entnehmen und zeichnerisch umsetzen

Detektivwissen überprüfen

Bedrohte Gorillas

Gorillas sind vom Aussterben bedroht. Das bedeutet, es könnte diese Tiere bald nicht mehr in der freien Natur geben.

Es gibt nur noch sehr wenige Gorillas. Die Wälder, in denen sie leben, werden abgeholzt. Außerdem werden die Gorillas gejagt, obwohl das verboten ist.

Gorillas leben in verschiedenen Ländern in Afrika. Gorillas trommeln sich häufig auf die Brust. Sie tun das, um sich zu begrüßen oder um einem anderen Tier mitzuteilen, wo sie sich befinden.

Gorillas sind tolle Tiere und müssen geschützt werden.

1 Was stimmt? Was stimmt nicht? Kreuze an.

	👍	👎
Die Wälder der Gorillas werden abgeholzt.	☐	☐
Es ist erlaubt, Gorillas zu jagen.	☐	☐
Gorillas leben in verschiedenen Ländern in Afrika.	☐	☐

2 Welches Bild zeigt ein typisches Gorilla-Verhalten? Kreuze an.

☐ 

☐ 

☐ 

› Aussagen zu einem Text überprüfen
› einem Text Informationen entnehmen
› den eigenen Lernstand einschätzen

Spurensicherung: Der 3. Hinweis!

Die Noten waren in der Kiste. Jetzt kann die Probe weitergehen.
Umut ist bei seinem Solo etwas aufgeregt, aber es klappt gut.
Mia singt schön, trifft aber noch nicht jeden Ton.
„Kein Problem", tröstet sie Herr Moll.
Nach der Probe kann TEAM LUPE endlich mit Sofie reden.
Lulu fragt ganz direkt: „Hast du das Plakat zerrissen
und die Noten versteckt? Du warst doch so sauer."
Sofie guckt erschrocken. Dann gibt sie zu:
„Ja, ich war wütend auf Herrn Moll und auf Mia.
Da habe ich das Poster von der Wand gerissen.
Aber die Noten habe ich nicht versteckt. Ehrlich!"
„Stimmt das wirklich?", fragt Umut.
„Ach, lasst mich in Ruhe, wenn ihr mir nicht glaubt!
Ich habe euch die Wahrheit gesagt", ruft Sofie und rennt weg.

Ach, lasst mich in Ruhe!

? Wohin rennt Sofie? Es ist der längere Weg.

☐ zur Bäckerei

3a

☐ zur Post

3b

Die Wunderlampe

A
Umut, Lulu, Paul und Elsa spielen Schatzsuche.
Umut gräbt mit der Schaufel.
Da hört er es knirschen.

B
Umut ruft erstaunt:
„Was ist das denn?“
Paul erklärt: „Das ist eine alte Öllampe.“
Lulu wackelt mit den Augenbrauen. Sie meint geheimnisvoll:
„Oder es ist eine Wunderlampe.“
Elsa gefällt die Idee.
Sie antwortet: „Genau! Und wir haben jetzt einen Wunsch frei.“

C
Umut hat einen Einfall: „Ich weiß etwas!
Wir wünschen uns ganz viel Geld.“
Auch Lulu hat einen Wunsch: „Wir wünschen uns Gesundheit.“
Und Elsa schlägt vor: „Wir wünschen uns, fliegen zu können.“

D
Paul schnippt mit den Fingern und ruft:
„Mein Wunsch wird euch am besten gefallen.“
Die anderen schauen Paul erwartungsvoll an. Paul grinst und erklärt:
„Wir wünschen uns einfach unendlich viele Wünsche.“
Da rufen Lulu, Elsa und Umut:
„Paul, das ist eine super Idee!“

1 Welche Überschrift passt zu welchem Textabschnitt?
Trage die Buchstaben A bis D ein.

◯	◯	◯	A
Die Vorschläge	Der beste Wunsch	Die Öllampe	Die Schatzsucher

› zentrale Aussagen von Textabschnitten erfassen und Überschriften zuordnen

1 Der Krimi beginnt mit dieser Seite:

Unser Fall

Hier erfährst du, was passiert ist.

Ein neuer Fall für TEAM LUPE

Bevor es mit dem Fall weitergeht, kommt erst mal ein Übungskapitel.

2 Weiter geht es mit der

Spurensicherung

Du ermittelst gemeinsam mit TEAM LUPE.
Löse das Rätsel und finde den Hinweis.
Jetzt weißt du, welcher Sticker in die Fallakte gehört.

Klebe den richtigen Hinweis-Sticker vom Stickerbogen in die Fallakte.

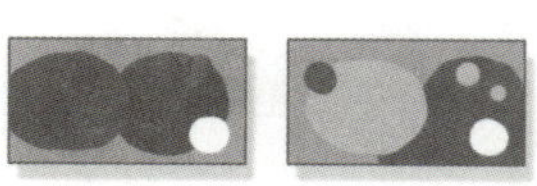

Bist du unsicher, welches der richtige Sticker ist? Du findest die Lösung auch immer versteckt auf der Seite.

Übe nun weiter.

2-mal blättern, dann geht es weiter.

Illustrationen: Michael Stapper

Meine Hinweis-Sticker für den Fall

1a

1b

2a

2b

3a

3b

4a

4b

5a

5b

6a

6b

westermann

TEAM LUPE ERMITTELT

Konzert in Gefahr

LÖSUNGEN

(zum Heraustrennen die mittlere Klammer lösen)

3

Lösungen zu
ISBN 978-3-14-**141476**-9
Illustriert von Michael Stapper, Matthias Berghahn, Cesare Asaro, Zapf

Lesen
FÖRDERN

Gute Freunde

Umut fährt mit seinem Fahrrad auf den Hof.
Elsa und Clemens winken ihm zu.
„Hallo!“, ruft Umut.

Elsa meint: „Ich habe Hütchen dabei.
Wir können Slalom fahren üben.“
Diese Idee findet Umut super. Clemens sagt nichts.
Elsa und Umut fahren zuerst.
Dann ruft Elsa: „Jetzt bist du dran, Clemens!“

Da fängt Clemens an zu weinen.
Umut fragt: „Clemens, was ist denn?“
Clemens flüstert: „Ich kann nicht Fahrrad fahren.“
Elsa und Umut versuchen, Clemens zu trösten.

Dann schlägt Umut vor: „Wir bringen dir das Radfahren bei.“
„Wirklich?“, fragt Clemens leise.
Elsa nickt und antwortet: „Versuch es gleich einmal.“
Clemens nimmt den Helm und setzt sich auf den Sattel.
Umut fasst das Rad am Gepäckträger an.
Elsa fasst den Lenker an der Seite an.

Clemens steigt auf die Pedale. Wackelig fährt er los.
Dabei ruft er begeistert: „Es klappt schon ein bisschen!“

1 In welcher Zeile stehen diese Wörter?
Schreibe.

Hof	*Zeile:* 1	Hütchen	*Zeile:* 4
Slalom	*Zeile:* 5	Idee	*Zeile:* 6
Radfahren	*Zeile:* 13	Seite	*Zeile:* 18

› Textstellen finden und benennen

2 Welche dieser Begriffe werden im Text genannt?
Kreise sie ein.

Rücklicht — (Helm) — Klingel — (Pedale) — (Gepäckträger) — (Sattel) — Bremse — (Lenker)

3 Beschrifte das Fahrrad.
Verwende **die eingekreisten Wörter** aus Aufgabe 2.

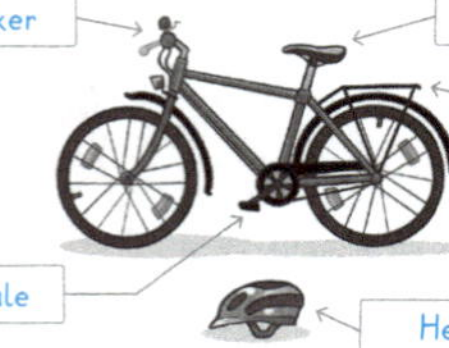

4 Wer sagt was?
Verbinde jedes Kind mit der passenden Sprechblase.

› einem Text Informationen entnehmen
› Aussagen zum Text überprüfen

Käsekästchen

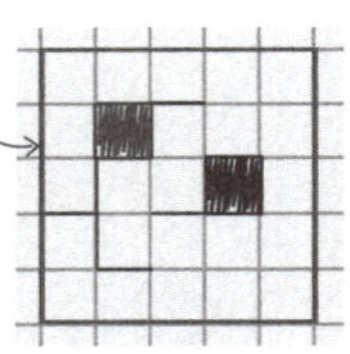

Du brauchst:

- Blatt mit Kästchen
- Bleistift
- Lineal
- blauen und roten Stift

Spielvorbereitung:

Zeichne das Spielfeld.
Das Spielfeld ist <u>fünf Kästchen breit und fünf Kästchen hoch</u>.
Benutze Bleistift und Lineal.

Spielregeln:

Wenn ein Kind an der Reihe ist, zeichnet es eine Linie in das Spielfeld.
Wer am Ende die meisten Kästchen erobert, hat gewonnen.

1. Das erste Kind zieht eine Kästchen-Linie mit dem blauen Stift nach.

2. Das zweite Kind zieht eine andere Kästchen-Linie mit dem roten Stift nach.

3. Schließt ein Kind ein Kästchen mit der vierten Linie, hat es das Kästchen erobert.
Dieses Kästchen darf das Kind dann anmalen.

› eine Anleitung verstehend lesen

1 Wie groß ist das Spielfeld? Unterstreiche im Text.

2 Welches Spielfeld wurde richtig gezeichnet?
Kreuze an.

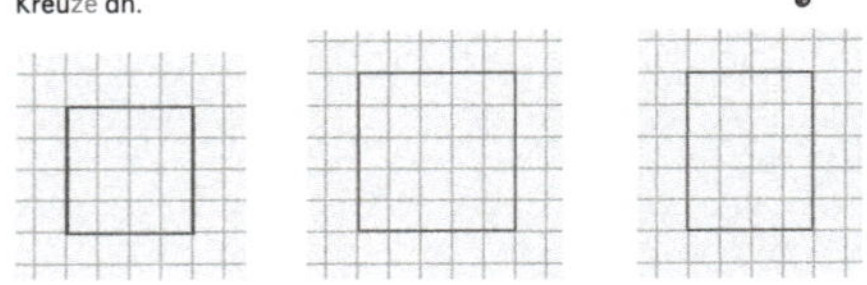

☐ ☒ ☐

3 Was stimmt? Was stimmt nicht?
Kreuze an.

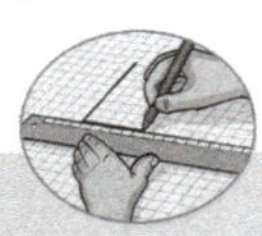

	👍	👎
Das Spielfeld wird mit Filzstift und Lineal gezeichnet.	☐	☒
Pro Spielzug darf nur eine Kästchen-Linie gezogen werden.	☒	☐
Mit der dritten Linie wird ein Kästchen geschlossen.	☐	☒
Wer ein Kästchen schließt, darf es anmalen.	☒	☐
Wer die wenigsten Kästchen anmalt, der gewinnt.	☐	☒
Wer die meisten Kästchen anmalt, der gewinnt.	☒	☐

› Einzelinformation im Text finden und markieren
› Textinhalt und Bilder aufeinander beziehen
› Fragen zum Text beantworten

Der Fußball-Streit

A
Die Kinder spielen, Tom ist im Tor,
leider kommt Treffer um Treffer vor.
Da wird Tom so richtig sauer,
schießt den Ball weit über die Mauer.

B
Das ärgert die anderen Kinder sehr,
auch Tom ist wütend, vielleicht noch mehr.
Sauer nimmt er dann Reißaus,
verlässt den Platz und rennt nach Haus'.

C
Als die Wut verschwunden ist,
merkt Tom, dass er die Kinder vermisst.
Er klingelt beim Nachbarn, holt den Ball zurück,
die Kinder verzeihen ihm – was für ein Glück.

1 Welche Strophe passt zu welchem Bild?
Trage die Buchstaben A bis C ein.

C
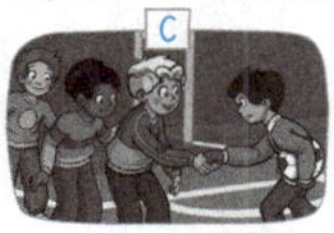

B

A

2 Verbinde die passenden Reimwörter aus dem Gedicht.

sauer	Mauer
Streit	bereit
sehr	mehr
zurück	Glück

3 Beantworte die Fragen. Kreuze an.

Wohin schießt Tom den Ball?
☐ über den Zaun ☐ auf den Baum ☒ über die Mauer

Wohin läuft Tom direkt nach dem Streit?
☐ zur Schule ☒ nach Hause ☐ zum Tor

Bei wem klingelt Tom in der letzten Strophe?
☐ bei einem Freund ☐ bei den Kindern ☒ beim Nachbarn

4 Worum geht es in dem Gedicht? Kreuze an.

☐ Kinder spielen ohne Streit zusammen Fußball.
☒ Kinder streiten und vertragen sich wieder.
☐ Kinder machen sich Mut und helfen einander.

Detektivwissen überprüfen

Im Schwimmbad

Samu steht ängstlich auf dem Startblock.
Aber er traut sich zu springen.
Danach klatscht Samu stolz bei Umut ab.

Ein Mädchen sieht das und ruft:
„Springt doch mal vom Turm!"
Da wird Samu ganz rot im Gesicht.
Umut merkt, dass Samu Angst vor dem Turm hat.
Wie kann er Samu nur helfen?
Zum Glück hat Umut eine Idee.

Er tut so, als hätte er selbst Angst
vom Turm zu springen.
Er flunkert: „Samu, der Turm ist mir zu hoch.
Können wir nicht hier bleiben?"
Samu versteht Umuts Trick. Er nickt.
Da läuft das Mädchen lachend davon.
Umut und Samu ist das egal.
Sie grinsen sich zufrieden an.

1 Was stimmt? Was stimmt nicht?
Kreise ein und schreibe das Lösungswort auf.

	👍	👎
Umut und Samu springen vom Turm.	S	(I)
Ein Mädchen ruft Umut und Samu etwas zu.	(D)	E
Samu wird ganz grün im Gesicht.	R	(E)
Umut will Samu helfen.	(E)	M

Lösungswort: I D E E

Spurensicherung: Der 1. Hinweis!

Elsa fotografiert mit dem Tablet das zerstörte Plakat und überlegt: „Vielleicht war das Sofie? Sie hat sich vorhin ganz schön aufgeregt." Lulu sagt: „Wir fragen Sofie einfach." Elsa kennt den Weg zu Sofie. Zehn Minuten später sind die Detektive am Ziel. Sie klingeln und Sofies Mutter macht auf. Elsa fragt: „Hallo! Ist Sofie zu Hause? Wir würden gerne kurz mit ihr reden." Sofies Mutter nickt. „Ja, Sofie ist gerade in ihr Zimmer gerannt. Aber sie hat ihr Schild *NICHT STÖREN!* an die Tür gehängt. Kommt doch morgen wieder." TEAM LUPE verabschiedet sich. Paul sagt stolz: „Ich wusste gleich, dass Sofie zu Hause ist. Ich habe ihre Schuhe im Flur gesehen!"

? Welche Schuhe gehören Sofie? Sie haben fünf Streifen, graue Schnürsenkel und eine weiße Sohle.

☒ blaue Schuhe
1a

☐ grüne Schuhe
1b

TEAM LUPE ERMITTELT – Lesen 3 FÖRDERN – LÖSUNGEN

Der süße Brei

Es war einmal ein armes Mädchen, das lebte alleine mit seiner Mutter. Die beiden hatten nichts zu essen. Das Mädchen ging in den Wald hinaus und traf dort eine alte Frau. Die Frau schenkte dem hungrigen Kind ein Töpfchen. Mit dem Spruch: „Töpfchen, koche“, kochte das Töpfchen süßen Brei. Mit dem Spruch „Töpfchen, steh“ hörte es wieder auf zu kochen.

Ab diesem Tag mussten Mutter und Tochter nie wieder Hunger haben. Die beiden aßen so oft süßen Brei wie sie wollten.

Als das Mädchen einmal nicht zu Hause war, sagte die Mutter: „Töpfchen, koche“ und das Töpfchen kochte. Dann sollte das Töpfchen wieder aufhören zu kochen. Doch der Mutter fielen die richtigen Worte nicht mehr ein. Deshalb kochte das Töpfchen immer weiter. Irgendwann war das ganze Haus voll mit Brei. Dann füllte sich das Nachbarhaus mit Brei. So ging es weiter, bis das Mädchen nach Hause kam und sagte: „Töpfchen, steh.“ Seit damals muss jeder, der in die Stadt will, sich durch den Brei essen.

Nach einer Erzählung der Brüder Grimm

1 Welche Überschrift passt zu diesem Märchen? Schreibe sie über den Text.

Der süße Brei — Der süße Teig — Der süße Reis

› die Textsorte Märchen kennen
› passende Überschrift zuordnen

2 Welche Reihenfolge ist richtig? Trage die Zahlen von 1 bis 6 ein.

3 Welche Aussagen passen zum Märchen? Male die 2 Sprechblasen gelb an.

› Textinhalt und Bilder aufeinander beziehen
› Aussagen zum Text überprüfen

Essen in aller Welt

Das Essen in jedem Land ist unterschiedlich. Kennst du diese Gerichte?

In Syrien essen die Menschen oft Hummus. Hummus bedeutet „Kichererbse“, denn es ist ein Brei aus Kichererbsen. Der Brei wird noch mit Öl und Gewürzen gemischt.

In Japan gibt es häufig Misosuppe. Miso ist eine Paste aus Sojabohnen. Durch die Paste bekommt die Suppe den Geschmack. Außerdem kommen in die Suppe zum Beispiel Nudeln, Tofu und verschiedenes Gemüse.

In Peru steht häufig das Gericht Pachamanca auf dem Tisch. Dafür werden verschiedene Fleischsorten mit Kartoffeln und anderem Gemüse in ein Maisblatt gewickelt.

Ein typisches Gericht in Spanien ist Paella (gesprochen Paeja). Das ist ein Reisgericht mit Fleisch oder Meeresfrüchten* und Gemüse. Safran färbt den Reis gelb. Safran ist ein Gewürz. Die Paella kochen die Menschen in einer großen Pfanne.

*Meeresfrüchte
Das sind zum Beispiel Muscheln, Garnelen oder Krabben.

1 In welcher Zeile stehen diese Wörter? Schreibe.

Öl	Zeile: 6	Pachamanca	Zeile: 12
Misosuppe	Zeile: 7	Pfanne	Zeile: 18

2 Unterstreiche im Text die Namen der vier Länder.

› Textstellen finden, benennen und markieren

3 Verbinde jedes Gericht mit dem passenden Bild und Land.

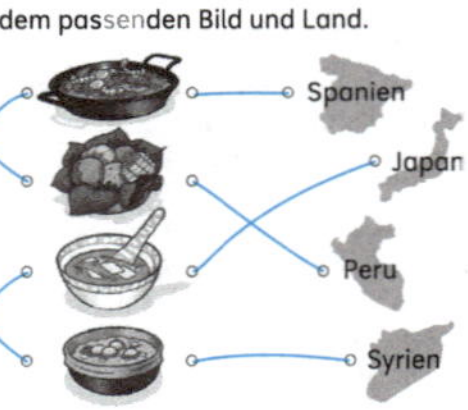

4 Was stimmt? Was stimmt nicht? Kreuze an.

	👍	👎
Hummus bedeutet Kichererbse.	X	
Hummus wird noch mit Essig und Obst gemischt.		X
Miso ist eine Paste aus Linsen.		X
Pachamanca steht häufig in Peru auf dem Tisch.	X	
Paella ist ein Reisgericht.	X	
Paella wird in einem Topf gekocht.		X

5 Worum geht es in dem Text? Kreuze an.

- [ ] Es geht um Getränke aus verschiedenen Ländern.
- [x] Es geht um Gerichte aus verschiedenen Ländern.

› einem Text Informationen entnehmen
› Aussagen zum Text überprüfen
› die Kernaussage eines Textes verstehen

Gebrauchstext: Anleitung

Yoga für Kinder

Die Maus

1. Denke an eine Maus. Setze dich auf deine Knie. Dein Po sitzt dabei auf deinen Füßen.
2. Beuge deinen Oberkörper nach vorne bis deine Stirn den Boden berührt.
3. Deine Arme ziehst du nach hinten und legst deine Hände neben deinen Beinen ab.

Der Hund

1. Denke an einen Hund. Gehe in den Vierfüßlerstand, also auf Hände und Knie. Deine Zehenspitzen sind aufgestellt.
2. Nun hebe den Po nach oben, sodass deine Beine und Arme durchgestreckt sind. Dein Kopf bleibt locker zwischen den Armen hängen.
3. Bleibe kurz in dieser Haltung und belle leise wie ein Hund.

Die Katze

1. Denke an eine Katze. Gehe in den Vierfüßlerstand, also auf Hände und Knie. Deine Füße liegen flach auf.
2. Dein Rücken ist gerade und du schaust auf den Boden.
3. Forme nun einen Katzenbuckel mit deinem Rücken. Deinen Kopf beugst du dabei Richtung Bauch.
4. Bleibe kurz in dieser Haltung und miaue leise wie eine Katze.

› die Textsorte Anleitung kennen

Gebrauchstext: Anleitung

1 Ordne die Überschriften den passenden Texten zu. Schreibe.

Die Katze | Der Hund | Die Maus

2 Ordne die Yoga-Übungen den Kindern zu. Schreibe.

3 Welche Bewegung gehört zu welcher Yoga-Übung? Kreuze an.

Bewegung	Maus	Katze	Hund
Der Po sitzt auf den Füßen.	X		
Die Zehenspitzen sind aufgestellt.			X
Der Rücken formt einen Katzenbuckel.		X	
Die Hände werden neben den Beinen abgelegt.	X		
Die Beine und Arme werden durchgestreckt.			X
Der Kopf wird Richtung Bauch gebeugt.		X	
Die Stirn berührt den Boden.	X		

› Überschriften zuordnen
› Textinhalt und Bilder aufeinander beziehen
› einem Text Informationen entnehmen

Sprachspiel: Monster-Rätsel

Monstermäßige Entspannung

Ich habe einen runden Körper.
Ich sehe freundlich aus.
Meine Augen schauen dich an.
Ich habe zwei davon.
Mein Fell ist orange
und meine Hörner sind lila.
Ich entspanne gerne bei etwas Musik.

Ich habe einen grünen Körper.
Meine Augen sind blau und gelb.
Sie sind sehr riesig.
An meinem Kopf sind
zwei schwarze Hörner.
Ich habe sehr viele Arme.
Am liebsten lese ich in meinem Sessel.

Ich habe einen runden Körper.
In meinem Mund
sind viele Zähne zu sehen.
An meinem Körper sind zwei Flügel.
Die Flügel sind blau.
Ich habe drei Augen.
Ich kuschle gerne auf dem Sofa.

1 Verbinde die Texte mit den passenden Bildern.

› Textinhalt und Bilder aufeinander beziehen

Sprachspiel: Monster-Rätsel

2 Was stimmt? Was stimmt nicht? Kreuze an.

	👍	👎
Das Monster mit den grünen Hörnern hört Musik.		X
Das Monster mit den schwarzen Hörnern liest gerne.	X	
Alle Monster sehen sehr wütend aus.		X
Zwei Monster haben einen runden Körper.	X	
Ein Monster hat zwei Flügel.	X	
Alle Monster haben Hörner an ihrem Kopf.		X

3 Lies den Text. Male das Monster passend an.

Ich bin dick und habe zwei Augen.
Ein Auge ist blau.
Das andere Auge ist grün.
Mein Fell ist orange.
Ich habe eine grüne Zunge.
Ich entspanne am liebsten
im Wald.

› Aussagen zum Text überprüfen
› einem Text Informationen entnehmen und zeichnerisch umsetzen

Detektivwissen überprüfen

Regentage

Draußen schlagen Regentropfen auf die Straße,
und bunte Regenschirme tanzen zu dem Takt.
Sie sitzt am Fenster und sieht zu.
Draußen schlagen Regentropfen auf die Straße.
Es plätschert, klopft und trommelt laut.
Ruhe und Geborgenheit spürt sie in ihrem Herzen.
Draußen schlagen Regentropfen auf die Straßen,
und bunte Regenschirme tanzen zu dem Takt.

1 Unterstreiche im Text alle Wörter mit „Regen".

2 Beantworte die Fragen.
Kreuze an.

Wie sehen die Regenschirme aus?

- [ ] blau
- [x] bunt
- [ ] braun

Worauf schlagen die Regentropfen?

- [ ] auf das Dach
- [ ] auf die Wiese
- [x] auf die Straße

3 Wer sitzt am Fenster?

- [x] eine Frau
- [ ] ein Junge
- [ ] zwei Kinder

› Einzelinformationen in einem Text finden
› Fragen zu einem Text beantworten
› den eigenen Lernstand einschätzen

Spurensicherung: Der 2. Hinweis!

Am nächsten Tag kommt TEAM LUPE extra früh zur Probe.
Sofie hilft gerade, die Stühle aufzustellen.
„Können wir kurz mit dir reden?", fragt Elsa.
„Keine Zeit, vielleicht später!", antwortet Sofie.
Die Probe beginnt und die Kinder singen sich ein: La-le-lu-lo-li.
Herr Moll sagt zu Mia: „Du darfst ruhig lauter singen."
Mia wird rot und nickt.

Plötzlich ruft Herr Moll: „Wo sind eigentlich die Noten für das Konzert?
Ich habe sie gestern auf das Klavier gelegt. Jetzt sind sie weg!
Hat jemand von euch sie gesehen?"
Alle fangen an zu suchen. Umut hat Glück und findet die Noten.
„Hier sind sie!", ruft er stolz.

? Löse das Kreuzworträtsel.
Dann erfährst du, wo die Noten versteckt sind.

Klavier
Pinsel
Hase
Noten
Lupe

- [ ] Regal (2a)
- [x] Kiste (2b)

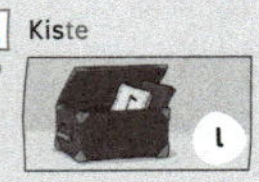

Nur eine Blüte zum Abendessen

A
Paul ist mit seiner Oma im Garten.
Dort gibt es viel Gemüse: Zwiebeln, Karotten, Brokkoli,
Radieschen, Erbsen und Blumenkohl.
Paul harkt die Erde. Oma zieht das Unkraut heraus.
Dann gießen sie die Gemüsepflanzen.
Paul meint: „Gartenarbeit macht richtig Spaß."
Oma lächelt und freut sich.

B
Paul fragt: „Essen wir heute Abend etwas von dem Gemüse?"
Oma antwortet: „Zum Abendessen gibt es nur eine Blüte."
Paul ist verwirrt. Was meint Oma damit?
Da schneidet Oma einen Blumenkohlkopf ab.
Sie erklärt: „Beim Blumenkohl essen wir die Blüte,
auch wenn es gar nicht danach aussieht.
Deshalb sagen wir zu Blumenkohl auch Blütengemüse."

C
Oma gibt Paul den Blumenkohl.
Dann legt sie ein Netz über das Beet.
Paul wundert sich: „Warum, machst du das Oma?"
Oma erklärt: „Das Netz schützt den Blumenkohl vor Kaninchen,
die ihn sonst wegfressen könnten."
Paul findet es toll, dass Oma so viel weiß.

1 Welcher Absatz gehört zu welchem Bild?
Trage die Buchstaben A bis C ein.

C 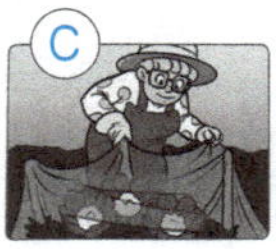
A 
B 

› zentrale Aussagen von Textabschnitten erfassen und Bilder zuordnen

2 Unterstreiche im Text die Wörter:

Zwiebeln Brokkoli Radieschen Erbsen

3 Finde die Gemüsesorten aus Aufgabe 2 im Suchsel.
Kreise sie ein.

R	U	B	R	O	K	K	O	L	I	S	N
A	N	I	B	T	S	R	N	E	P	T	E
U	K	P	O	L	T	A	I	V	L	B	M
K	E	D	M	U	E	R	B	S	E	N	D
L	W	C	H	Z	J	F	G	T	R	I	P
P	O	R	A	D	I	E	S	C	H	E	N
Z	W	I	E	B	E	L	N	O	S	T	A

4 Beantworte die Fragen. Kreuze an und schreibe.

Wer harkt die Erde?

- [x] Paul
- [ ] Oma
- [ ] Paul und Oma

Wie wird Blumenkohl noch genannt?

- [ ] Stielgemüse
- [x] Blütengemüse
- [ ] Wurzelgemüse

Vor welchem Tier schützt das Netz den Blumenkohl?

Beispiel: Das Netz schützt den Blumenkohl vor Kaninchen.

› Textstellen finden
› Einzelinformationen in einem Suchsel finden
› Fragen zu einem Text beantworten

Überall Plastik*

*Plastik
Das Fachwort für Plastik ist Kunststoff.

Deine Brotdose, deine Mappen, dein Spielzeug – diese Dinge bestehen meistens aus Plastik.

Warum sind so viele Dinge aus Plastik? Plastik hat einige Vorteile. Es ist zum Beispiel leicht, bruchfest und ziemlich billig.

Plastik hat aber auch viele Nachteile. Zum Beispiel entsteht durch Plastik sehr viel Müll. Wenn ein Stück Holz im Wald liegt, dann verrottet es und ist irgendwann ganz verschwunden. Wenn eine Plastikflasche im Wald liegt, dann verrottet sie nicht. Sie bleibt einfach dort liegen. Plastik braucht vermutlich 450 Jahre, bis es endlich zerfällt.

Wenn wir Plastik vermeiden, dann schützen wir damit die Umwelt. Diese Tipps können dabei helfen:

- Nimm einen Stoffbeutel und keine Plastiktüte zum Einkaufen.
- Nimm dein Eis in einer Eiswaffel und nicht in einem Eisbecher.
- Iss keine Süßigkeiten, die einzeln verpackt sind.
- Iss Joghurt aus dem Glas, statt aus dem Plastikbecher.
- Benutze eine wiederverwendbare Trinkflasche.

1 In welcher Zeile stehen diese Wörter? Schreibe.

Vorteile	Zeile: 4	Umwelt	Zeile: 13
Nachteile	Zeile: 6	Tipps	Zeile: 14

› Textstellen finden und benennen

2 Welche dieser Dinge aus Plastik werden im Text genannt? Kreise sie ein.

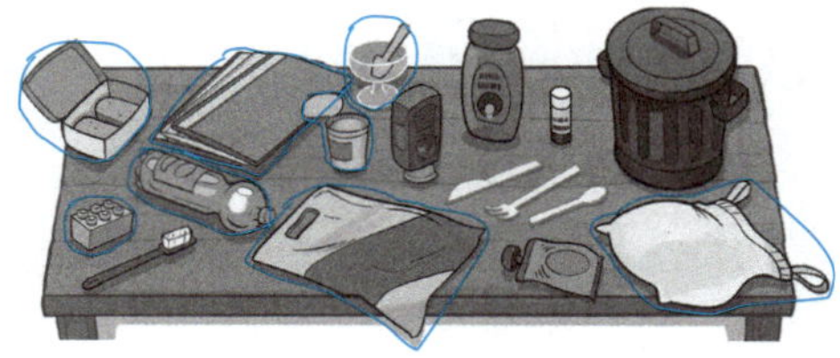

3 Beantworte die Fragen. Kreuze an.

Was ist ein Vorteil von Plastik?
- [ ] Plastik ist schwer.
- [x] Plastik ist billig.
- [ ] Plastik ist zerbrechlich.

Was ist ein Nachteil von Plastik?
- [x] Durch Plastik entsteht viel Müll.
- [ ] Plastik riecht sehr schlecht.
- [ ] Plastik ist teuer.

› Text und Bild aufeinander beziehen
› einem Text Informationen entnehmen

Wildpark Neustadt

Fütterungsplan

	9.30 Uhr	10.30 Uhr	11.00 Uhr	15.00 Uhr	15.30 Uhr
Montag	Dachs	Fuchs	Wolf	Bergziege	Wildkatze
Dienstag	Dachs	Fuchs	Waschbär	Luchs	Alpaka
Mittwoch	Dachs	Fuchs	Wolf	Bergziege	Wildkatze
Donnerstag	Dachs	Fuchs	Waschbär	Luchs	Alpaka
Freitag	Dachs	Fuchs	Wolf	Bergziege	Wildkatze

1 Verbinde Bild und Wort passend.

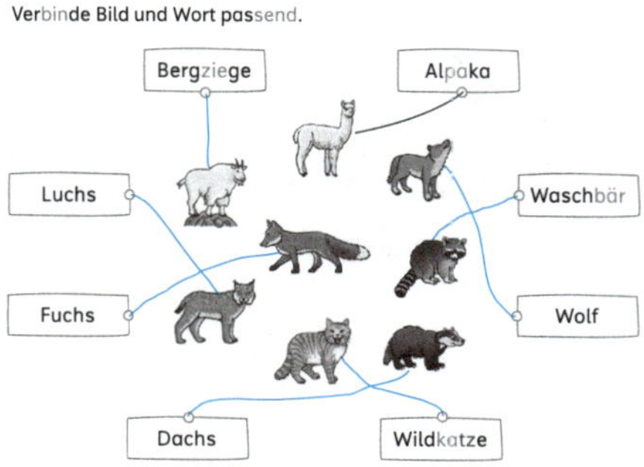

› Tabellenaufbau verstehen
› Wort- und Bildzuordnung

2 Beantworte die Fragen. Schreibe auf.

Welche Tiere werden am Montag gefüttert?
Am Montag werden Dachs, Fuchs, Wolf, Bergziege und Wildkatze gefüttert.

Welche Tiere werden am Dienstag gefüttert?
Am Dienstag werden Dachs, Fuchs, Waschbär, Luchs und Alpaka gefüttert.

3 Male den Weg der Tierpflegerin blau aus.

› einer Tabelle Informationen entnehmen
› Tabelleninhalt und Bild aufeinander beziehen

TEAM LUPE ERMITTELT – Lesen 3 FÖRDERN – LÖSUNGEN

Wer ist wer?

Louis malt ein Bild mit Fantasie-Vögeln.
Sie haben unterschiedliche Namen. Aber wer ist wer?

1. Der Vogel ganz links ist weiß.
2. Susi sitzt ganz links.
3. Coco sitzt ganz rechts.
4. Hansi ist schwarz und sitzt neben Coco.
5. Coco ist braun.
6. Der blaue Vogel ist neben dem schwarzen Vogel.
7. Kiki sitzt zwischen Susi und Hansi.

Susi	Kiki	Hansi	Coco

1 Schreibe zu jedem Vogel den passenden Namen.

2 Male jeden Vogel in der passenden Farbe an.

› die Textsorte Logical kennen
› einem Text Informationen entnehmen und zeichnerisch umsetzen

Wer ist wer?

Elsa geht mit Uno spazieren. Sie begegnen vier anderen Hunden.
Elsa kann sich nicht mehr an die Namen erinnern.

1. Bello sitzt ganz rechts.
2. Fred hat weißes Fell und sitzt neben Bello.
3. Der Hund neben Bello hat ein lila Halsband.
4. Bello hat ein grünes Halsband.
5. Alba sitzt neben Fred. Sie hat ein gelbes Halsband.
6. Lilly hat ein blaues Halsband.
7. Lilly hat braunes Fell.
8. Die zwei übrigen Hunde haben schwarzes Fell.

Lilly	Alba	Fred	Bello

1 Schreibe zu jedem Hund den passenden Namen.

2 Male jeden Hund und sein Halsband in der passenden Farbe an.

› die Textsorte Logical kennen
› einem Text Informationen entnehmen und zeichnerisch umsetzen

Detektivwissen überprüfen

Bedrohte Gorillas

Gorillas sind vom Aussterben bedroht. Das bedeutet, es könnte diese Tiere bald nicht mehr in der freien Natur geben.

Es gibt nur noch sehr wenige Gorillas. Die Wälder, in denen sie leben, werden abgeholzt. Außerdem werden die Gorillas gejagt, obwohl das verboten ist.

Gorillas leben in verschiedenen Ländern in Afrika. Gorillas trommeln sich häufig auf die Brust. Sie tun das, um sich zu begrüßen oder um einem anderen Tier mitzuteilen, wo sie sich befinden.

Gorillas sind tolle Tiere und müssen geschützt werden.

1 Was stimmt? Was stimmt nicht? Kreuze an.

	👍	👎
Die Wälder der Gorillas werden abgeholzt.	X	
Es ist erlaubt, Gorillas zu jagen.		X
Gorillas leben in verschiedenen Ländern in Afrika.	X	

2 Welches Bild zeigt ein typisches Gorilla-Verhalten? Kreuze an.

› Aussagen zu einem Text überprüfen
› einem Text Informationen entnehmen
› den eigenen Lernstand einschätzen

Spurensicherung: Der 3. Hinweis!

Die Noten waren in der Kiste. Jetzt kann die Probe weitergehen.
Umut ist bei seinem Solo etwas aufgeregt, aber es klappt gut.
Mia singt schön, trifft aber noch nicht jeden Ton.
„Kein Problem", tröstet sie Herr Moll.
Nach der Probe kann TEAM LUPE endlich mit Sofie reden.
Lulu fragt ganz direkt: „Hast du das Plakat zerrissen
und die Noten versteckt? Du warst doch so sauer."
Sofie guckt erschrocken. Dann gibt sie zu:
„Ja, ich war wütend auf Herrn Moll und auf Mia.
Da habe ich das Poster von der Wand gerissen.
Aber die Noten habe ich nicht versteckt. Ehrlich!"
„Stimmt das wirklich?", fragt Umut.
„Ach, lasst mich in Ruhe, wenn ihr mir nicht glaubt!
Ich habe euch die Wahrheit gesagt", ruft Sofie und rennt weg.

? Wohin rennt Sofie? Es ist der längere Weg.

[X] zur Bäckerei (3a) – u
[ ] zur Post (3b) – s

TEAM LUPE ERMITTELT – Lesen 3 FÖRDERN – LÖSUNGEN

Die Wunderlampe

A Umut, Lulu, Paul und Elsa spielen Schatzsuche.
Umut gräbt mit der Schaufel.
Da hört er es knirschen.

B Umut ruft erstaunt:
„Was ist das denn?“
Paul erklärt: „Das ist eine alte Öllampe.“
Lulu wackelt mit den Augenbrauen. Sie meint geheimnisvoll:
„Oder es ist eine Wunderlampe.“
Elsa gefällt die Idee.
Sie antwortet: „Genau! Und wir haben jetzt einen Wunsch frei.“

C Umut hat einen Einfall: „Ich weiß etwas!
Wir wünschen uns ganz viel Geld.“
Auch Lulu hat einen Wunsch: „Wir wünschen uns Gesundheit.“
Und Elsa schlägt vor: „Wir wünschen uns, fliegen zu können.“

D Paul schnippt mit den Fingern und ruft:
„Mein Wunsch wird euch am besten gefallen.“
Die anderen schauen Paul erwartungsvoll an. Paul grinst und erklärt:
„Wir wünschen uns einfach unendlich viele Wünsche.“
Da rufen Lulu, Elsa und Umut:
„Paul, das ist eine super Idee!“

1 Welche Überschrift passt zu welchem Textabschnitt?
Trage die Buchstaben A bis D ein.

C	D	B	A
Die Vorschläge	Der beste Wunsch	Die Öllampe	Die Schatzsucher

› zentrale Aussagen von Textabschnitten erfassen und Überschriften zuordnen

2 Was stimmt? Was stimmt nicht?
Kreuze an.

	👍	👎
Umut, Lulu, Paul und Elsa spielen Schatzsuche.	X	
Elsa hört etwas knirschen.		X
Paul erklärt, was sie gefunden haben.	X	
Lulu wackelt mit dem Arm.		X

3 Welcher Wunsch gehört zu welchem Kind?
Verbinde.

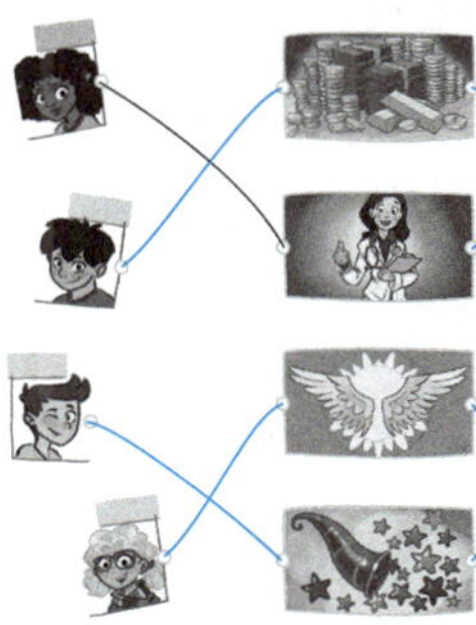

Gesundheit

viel Geld

viele Wünsche

fliegen können

› Aussagen zum Text überprüfen
› Textinhalt und Bilder aufeinander beziehen

Glücksbringer

Glück fällt von oben

Das Hufeisen ist ein beliebter Glücksbringer.
Es ist wichtig, das Hufeisen
wie den Buchstaben U aufzuhängen.
Dann kann das Glück von oben
in das Hufeisen hineinfallen.

Vier Blätter

Das Kleeblatt ist ein bekannter Glücksbringer.
Ein normales Kleeblatt hat drei Blätter.
Manchmal wächst durch Zufall aber noch ein viertes Blatt dazu.
Ein Kleeblatt mit vier Blättern ist sehr selten.
Deshalb soll es Glück bringen, ein Kleeblatt mit vier Blättern zu finden.

Winkende Katze

In Japan ist die Maneki-neko ein Glücksbringer.
Das ist eine Katzenfigur.
Die Katze winkt mit einer Pfote.
Maneki-neko, die mit der rechten Pfote winken,
sollen dem Besitzer Reichtum und Glück bringen.

1 Unterstreiche die Namen der 3 Glücksbringer in den Texten.

2 Schreibe jeweils die passende Überschrift über die 3 Texte.

Winkende Katze | Glück fällt von oben | Vier Blätter

› Informationen im Text finden und markieren
› zentrale Aussagen von Texten erfassen und passende Überschriften zuordnen

3 Welche Bilder zeigen die Glücksbringer aus den Texten?
Kreuze an.

4 Beantworte die Fragen. Schreibe.

Beispiele:

Wo ist Maneki-neko ein Glücksbringer?
Maneki-neko ist ein Glücksbringer in Japan.

Wie viele Blätter hat ein Kleeblatt normalerweise?
Ein Kleeblatt hat normalerweise drei Blätter.

Welchem Buchstaben sieht das aufgehängte Hufeisen ähnlich?
Das aufgehängte Hufeisen sieht dem Buchstaben U ähnlich.

5 Streiche das falsche Wort durch.

Das Glück soll von oben/~~unten~~ in das Hufeisen fallen.
Vier Blätter an einem Kleeblatt sind ~~normal~~/selten.
In den Texten geht es um ~~vier~~/drei verschiedene Glücksbringer.

› einem Text Informationen entnehmen und Text und Bilder aufeinander beziehen
› Fragen zum Text beantworten
› inhaltlich richtige Sätze bilden

Die Packliste

Mama	Papa	Marta	Paul
Handtücher	Essen und Trinken	Bikini	Buch
Geschirr	Kleidung für alle	Sonnenhut	Badehose
Taschenmesser	Taucherbrille	Süßigkeiten	Knabbersachen
Sonnencreme	Zahnbürsten und Zahnpasta	Taucherbrille	Kartenspiele

1 Beantworte die Fragen.
Kreuze an.

Wer nimmt ein Taschenmesser mit?
[X] Mama [ ] Papa [ ] Marta [ ] Paul

Wer nimmt ein Buch mit?
[ ] Mama [ ] Papa [ ] Marta [X] Paul

Was nehmen Papa und Marta beide mit?
[X] Taucherbrille [ ] Taschenlampe [ ] Handtücher

› Tabellenaufbau verstehen
› einer Tabelle Informationen entnehmen

2 Was packen Paul und Marta ein?
Kreise Pauls Sachen grün und Martas Sachen gelb ein.

3 Beantworte die Fragen.
Schreibe.

Beispiele:

Was für Spiele hat Paul dabei?
Paul hat Kartenspiele dabei.

Was schützt Martas Kopf vor der Sonne?
Der Sonnenhut schützt Martas Kopf vor der Sonne.

Was nimmt Paul zum Baden mit?
Paul nimmt eine Badehose zum Baden mit.

Was hat Marta zu naschen dabei?
Marta hat Süßigkeiten zu naschen dabei.

› einer Tabelle Informationen entnehmen
› Tabelleninhalt und Bilder aufeinander beziehen
› Fragen zu einer Tabelle beantworten

Hoch sollst du leben!

Hallo Mama!
Es gratulieren dir
Rasmus, Hanna und Papa.
Zum Geburtstag wünschen wir dir alles Gute.
Lass dich von uns verwöhnen.
In der Maschine läuft schon der Kaffee,
Cornflakes und Milch stehen auf dem Tisch.
Hoch sollst du leben!
Einen tollen Tag sollst du haben.
Nachher gibt es auch noch Kuchen.

Gemeinsam wünschen wir dir:
Liebe
Überraschungen
Cabrio-Fahrten
Kraft
Wärme
Urlaub
Naschsachen
Spaß
Café-Besuche
Heiterkeit

Ergeben die Anfangsbuchstaben aller Zeilen Wörter, nennt man das Gedicht Akrostichon.

1 Schreibe den Anfangsbuchstaben aus jeder Zeile der Reihe nach ab.

H	E	R	Z	L	I	C	H	E	N
G	L	Ü	C	K	W	U	N	S	C	H

› die Struktur eines Akrostichons kennen

2 Unterstreiche die Antworten im Text.

Grün: Wer gratuliert?
Gelb: Was läuft schon in der Maschine?
Rot: Was gibt es nachher noch zu essen?

3 Welcher Wunsch aus dem Text ist gemeint? Verbinde.

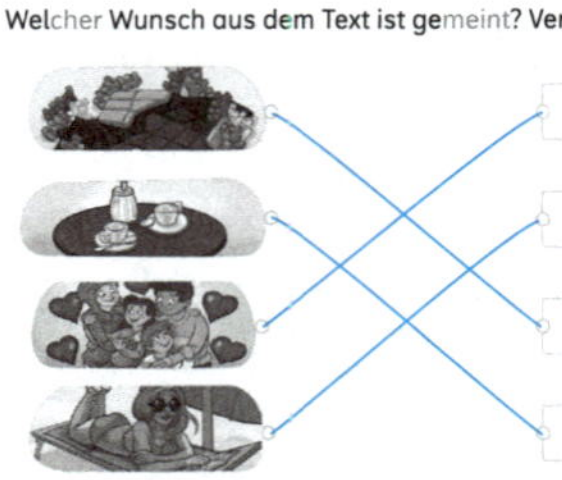

Liebe
Urlaub
Naschsachen
Café-Besuche

4 Zu welchem Ereignis hat die Familie den Brief geschrieben?
Kreuze an.

[ ] zu Papas Geburtstag [X] zu Mamas Geburtstag
[ ] zum Muttertag [ ] zum Vatertag

5 Welche Dinge aus dem Brief würdest du deiner Mama oder deinem Papa auch wünschen? Schreibe auf.

individuelle Lösung

› Antworten im Text finden und markieren
› Textinhalt und Bilder aufeinander beziehen
› Fragen zum Text beantworten

Detektivwissen überprüfen

WILLKOMMEN im Familienpark

Sonnenland

PREISE

Kinder unter 5 Jahren	Eintritt frei
Kinder ab 5 Jahren	8 €
Erwachsene	16 €
Familienticket	30 €

ÖFFNUNGSZEITEN

Dezember bis Februar	geschlossen
März bis September	9:30–19:30 Uhr
Oktober bis November	9:00–18:00 Uhr

1 Welche Aussagen stimmen?
Male diese 2 Sprechblasen gelb an.

- Im Dezember ist der Park geschlossen. (gelb)
- Ich bin sechs Jahre alt. Mein Eintritt ist frei.
- Ich habe heute Geburtstag und muss keinen Eintritt zahlen. (gelb)
- Im März hat der Park bis 18:00 Uhr auf.

Spurensicherung: Der 4. Hinweis!

... wieder etwas Merkwürdiges ...

TEAM LUPE ist Sofie bis zur Bäckerei gefolgt.
Sofie tritt wütend aus dem Laden und ruft:
„Wieso verfolgt ihr mich? Ihr nervt!
Ich geh jetzt nach Hause. Alleine!"
Lulu, Umut, Paul und Elsa schauen sich ratlos an.
Lulu meint: „Vielleicht haben wir Sofie Unrecht getan.
Immerhin hat sie das mit dem Plakat ja gleich zugegeben."
Paul sagt: „Stimmt. Aber wer hat dann die Noten versteckt?
Wir müssen herausfinden, ob noch jemand gegen das Konzert ist."
Schon bei der nächsten Probe passiert wieder etwas Merkwürdiges.
Das Klavier ist abgeschlossen und der Schlüssel ist weg.
Alle Kinder suchen gemeinsam, aber der Schlüssel bleibt verschwunden.
Zum Glück hat der Hausmeister einen Ersatzschlüssel.

? Welcher Schlüssel passt in das Klavierschloss?

- [ ] Schlüssel 1 (4a)
- [x] Schlüssel 2 (4b)

Mut

Das Buch

Jonas soll heute sein Lieblingsbuch in der Klasse vorstellen.
Das Buch heißt „Das Sams".
Jonas hat es von seiner Mutter geschenkt bekommen.
Sie hat das Buch gelesen, als sie ein Kind war.

Das Lampenfieber

Jonas ist nervös. Er schwitzt.
Hoffentlich rutscht ihm das Buch nicht aus der Hand.
Dann lachen vielleicht alle.
Sein bester Freund Lars hat ihm vor der Stunde Mut gemacht:
„Du schaffst das!"

Die Vorstellung

Jetzt ist Jonas dran. Er geht nach vorne und holt tief Luft.
Zuhause hat er viel geübt.
Jonas fängt an und mit jedem Wort wird er sicherer.
Er erzählt den anderen Kindern alles über das Sams.
Zum Schluss erklärt Jonas noch,
wie gut ihm das Buch gefallen hat.

Der Applaus

Als er fertig ist, ist es kurz still.
Jonas denkt: „Oh nein, fanden die anderen das Buch doof?"
Aber dann applaudiert die ganze Klasse laut.
Es hat allen Kindern gut gefallen.
Lars zwinkert ihm zu.
Jonas ist froh, dass er so einen guten Freund hat.

1 Ordne die Überschriften den passenden Absätzen zu.
Schreibe sie auf die Linien.

Die Vorstellung – Der Applaus – Das Buch – Das Lampenfieber

2 Beantworte die Fragen. Kreuze an.

Wie heißt Jonas Lieblingsbuch?
- [ ] das Sums
- [ ] das Soms
- [x] das Sams

Wer hat Jonas das Buch geschenkt?
- [ ] sein Vater
- [x] seine Mutter
- [ ] seine Lehrerin

3 Lies im Text. Setze passend in die Lücken ein.

Jonas soll heute sein Lieblingsbuch in der Klasse vorstellen.
Jonas ist nervös.
Sein bester Freund Lars hat ihm vor der Stunde Mut gemacht.
Jonas geht nach vorne und holt tief Luft.
Als er fertig ist, ist es kurz still.
Aber dann applaudiert die ganze Klasse laut.

lesen – hören – sehen

Sachtext

Das sind doch alles Märchen

A: Ein Märchen ist eine kurze Erzählung oder Geschichte.
Viele Märchen beschreiben Abenteuer von Menschen oder Tieren.
Die meisten Märchen beginnen so: „Es war einmal …"
Die meisten Märchen enden so: „Sie lebten glücklich bis an ihr Lebensende."

B: In Märchen kann es auch magische Wesen geben, zum Beispiel Drachen oder Zwerge.
In Märchen kommen oft bestimmte Zahlen vor:
Der Wolf und die *sieben* Geißlein.

C: Es gibt sehr bekannte Märchen-Autoren.
Hans Christian Andersen lebte in Dänemark.
Er hat sich die Geschichten genau vorgestellt und dann aufgeschrieben.
Solche ausgedachten Märchen nennt man Kunstmärchen.

D: Die Brüder Grimm lebten in Deutschland.
Sie haben sich von vielen Leuten aus dem Volk* Märchen erzählen lassen.
Diese Märchen haben sie dann aufgeschrieben.
Deshalb heißen diese Märchen Volksmärchen.

*Volk: Volk ist eine große Menge von Menschen. Meist sind damit alle Menschen eines Landes gemeint.

1 Unterstreiche die Textstellen in der passenden Farbe.

Orange: „Es war einmal …"
Grün: „Sie lebten glücklich bis an ihr Lebensende."
Blau: Brüder Grimm

› Antworten im Text finden und markieren

lesen – hören – sehen

Sachtext

2 Welche Überschrift passt zu welchem Abschnitt? Trage die Buchstaben A bis D ein.

Merkmale von Märchen (A)
Volksmärchen (D)
Kunstmärchen (C)
Wesen und Zahlen (B)

3 Verbinde die passenden Satzteile.

In einem Märchen – kommen oft Zahlen vor. (kommen Ufos vor.)
Hans Christian Andersen – lebte in Dänemark. (lebte in Nimmerland.)
Selbst ausgedachte Märchen – sind Kunstmärchen. (sind Bildmärchen.)

4 Welche Märchenfiguren werden im Text genannt? Kreise sie ein.

› zentrale Aussagen von Textabschnitten erfassen und Überschriften zuordnen
› einem Text Informationen entnehmen

lesen – hören – sehen

Gebrauchstext: Diagramm

Umfrage in der 3b

Elsa hat eine Umfrage in ihrer Klasse gemacht.
Sie hat die Kinder gefragt,
ob sie jeden Tag die folgenden Medien benutzen:

Man kann sich durch Medien informieren. Oft werden Medien auch zum Spaß genutzt.

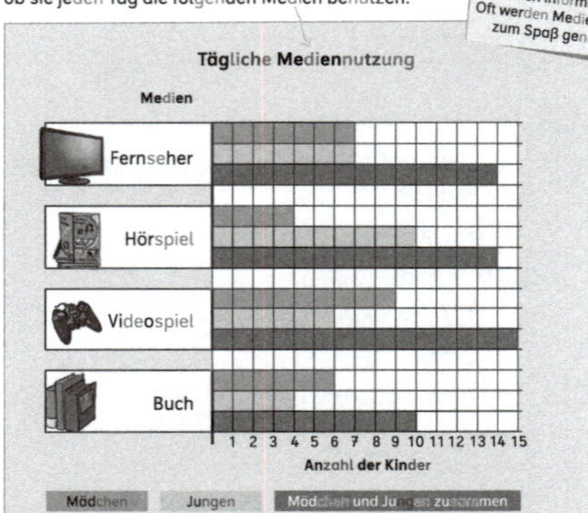

1 Wofür stehen die Farben? Verbinde.

dunkelgrau – Mädchen
hellgrau – Jungen
schwarz – Mädchen und Jungen zusammen

› Aufbau eines Balkendiagramms verstehen
› einem Balkendiagramm Informationen entnehmen

lesen – hören – sehen

Gebrauchstext: Diagramm

2 Was stimmt? Was stimmt nicht? Kreuze an.

	👍	👎
Jungen hören öfter Hörspiele.	X	
Mädchen und Jungen gucken gleich oft Fernsehen.	X	
Mädchen lesen öfter ein Buch.	X	
Jungen spielen häufiger Videospiele.		X

3 Beantworte die Fragen. Schreibe.

Beispiele:

Wie viele Mädchen nutzen den Fernseher?
7 Mädchen nutzen den Fernseher.

Wie viele Jungen hören ein Hörspiel?
10 Jungen hören ein Hörspiel.

Wie viele Mädchen spielen Videospiele?
9 Mädchen spielen Videospiele.

Wie viele Kinder lesen jeden Tag in einem Buch?
10 Kinder lesen jeden Tag in einem Buch.

Was wird von den Kindern insgesamt am meisten genutzt?
Die Kinder nutzen insgesamt am meisten Videospiele.

› einem Balkendiagramm Informationen entnehmen
› Fragen zum Text beantworten

Der Bücherwurm

1 „Was für ein wundervoller Bücherturm",
dachte sich der Bücherwurm.
Er griff die Bücher wie besessen
und fing gleich an sich durchzufressen.

2 Ein Sachbuch war sein erstes Futter,
danach ein Kochbuch voller Butter.
Der Wurm, er war noch lang nicht satt,
da aß er schon das nächste Blatt.

3 Ein Comic machte ihn noch wilder,
ihm schmeckten all die bunten Bilder.
Doch der Wurm, er wollt' noch mehr,
fraß sich durch alles, kreuz und quer.

4 Das Märchenbuch war auch vorzüglich,
damit macht's sich der Wurm gemütlich.
Das wird euch jetzt nicht überraschen:
Darin fand er ganz viel zu naschen.

5 Ein Krimi tat es ihm besonders an,
der Detektiv darin war wundersam.
Das letzte Buch war voller Witze,
der Wurm, er lachte, und fand's spitze.

1 Unterstreiche im Gedicht alle Reimwörter.
Sie stehen am Ende jeder Zeile.

› die Textsorte Gedicht kennen
› Reimwörter erkennen

2 Welche Bücher fraß der Bücherwurm? Kreise ein.

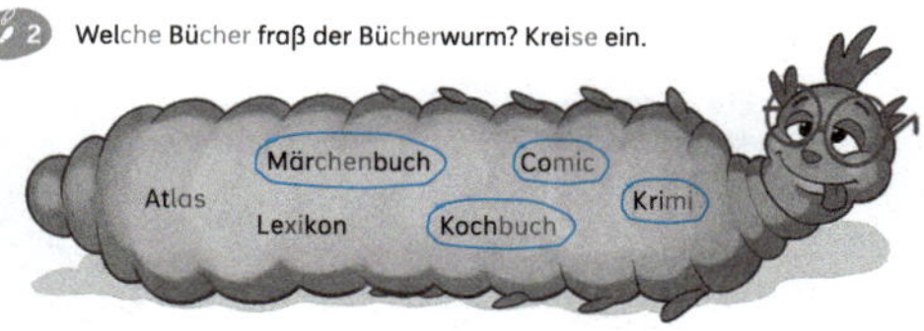

3 Zu welcher der 5 Strophen passen die Bilder?
Trage ein.

4 Welche der 5 Strophen ist jeweils gemeint?
Schreibe.

Der Wurm war nicht satt.	*Strophe:* 2
Ein Comic machte ihn wilder.	*Strophe:* 3
Ein Detektiv war wundersam.	*Strophe:* 5
Das Märchenbuch war vorzüglich.	*Strophe:* 4
Der Wurm fraß sich durch die Bücher.	*Strophe:* 1

› einem Gedicht Informationen entnehmen
› Gedichtinhalt und Bilder aufeinander beziehen
› Wortbedeutung verstehen

Detektivwissen überprüfen

kathrin@familiemeier.de
Ferien

Liebe Kathrin,
wie geht es dir?
Meine Ferien waren so toll! Wir waren dieses Jahr an der Nordsee.
Dort haben wir eine Wattwanderung gemacht. Bei Ebbe ist das Meer weit weg.
Dann kann man über den Meeresboden laufen. Das nennt man Watt.
Das Watt sieht aus wie Matsch und es fühlt sich kühl an den Füßen an.

An einem anderen Tag haben wir am Strand in der Sonne gelegen.
Ich hatte mein Lieblingsbuch dabei.
Unter unserem Sonnenschirm konnte ich in Ruhe lesen.
Im Meer bin ich auch geschwommen.
Unser Urlaub hat mir viel Spaß gemacht.
Wie waren deine Ferien?

Liebe Grüße,
Raphael

1 Streiche das falsche Wort durch.

Raphael hat die E-Mail/~~Postkarte~~ geschrieben.
Bei Ebbe/~~Flut~~ ist das Meer weit weg.
Das Watt sieht aus wie Matsch/~~Sand~~.
Raphael hat ein Buch gelesen/~~gekauft~~.
Raphael lag unter einem ~~Sonnensegel~~/Sonnenschirm.

› die Textsorte E-Mail kennen
› einem Text Informationen entnehmen
› den eigenen Lernstand einschätzen

Spurensicherung: Der 5. Hinweis!

Am nächsten Tag ist Mia krank und kommt nicht zur Probe.
Herr Moll sagt zu Sofie:
„Dann darfst du heute das Solo singen."
Sofie freut sich riesig und singt sehr gut.
Nach der Probe wartet ein Junge im Flur.
Plötzlich drückt er Umut einen Umschlag in die Hand
und nuschelt: „Den soll ich dir von meiner Schwester geben."
Umut ruft: „Warte! Wer ist denn deine Schwester?"
Aber der Junge ist schon weg.
Im Umschlag findet Umut den Klavierschlüssel
und einen Zettel voller Schokoflecken.
TEAM LUPE versucht, die Nachricht zu entschlüsseln.

? Die Schokoflecken verdecken einige Buchstaben.
Entschlüssele die Nachricht.
Wie lautet sie?

- [ ] Sofie war es. 5a
- [x] Sofie war es nicht. 5b

TEAM LUPE ERMITTELT – Lesen 3 FÖRDERN – LÖSUNGEN

Erzähltext

Lulus Planet

Lulu sitzt am Küchentisch und malt.
Papa kommt von der Arbeit
und geht zu Lulu in die Küche.

Papa fragt: „Was malst du denn da?"
Dabei schaut er neugierig über Lulus Schulter.
Lulu dreht sich zu ihrem Papa um.
Sie lächelt und antwortet: „Ich male meinen Planeten, Papa."
„Deinen Planeten?", fragt Papa erstaunt.
Lulu nickt und erzählt:
„Wir haben heute im Unterricht
über Planeten gesprochen.
Da habe ich vorhin Lust bekommen,
meinen Planeten zu erfinden."

Lulu hält das fast fertige Bild hoch.
Sie erklärt: „Auf meinem Planeten gibt es nur
grüne, gelbe, lilafarbene und blaue Sachen.
Es gibt grüne Hasen mit blauen Ohren. Der Himmel ist gelb.
Der Boden ist lila. Die Vögel sind blau und haben vier Flügel."
„Vier Flügel?", fragt Papa verwundert.
Lulu meint grinsend: „Auf meinem Planeten ist alles möglich."

1 Welche 2 Sätze stehen genau so im Text? Kreuze an.

- [ ] Lulu dreht sich zu Papa um.
- [X] Lulu dreht sich zu ihrem Papa um.
- [X] Lulu hält das fast fertige Bild hoch.
- [ ] Lulu hält das fertige Bild hoch.

› Antworten im Text finden

Erzähltext

2 Bringe die Aussagen in die richtige Reihenfolge. Trage die Zahlen von 1 bis 4 ein.

- 4 Lulu erklärt das Bild.
- 2 Papa möchte wissen, was Lulu malt.
- 1 Papa kommt zu Lulu in die Küche.
- 3 Lulu erzählt vom Unterricht.

3 Welche 2 Ausschnitte gehören zu Lulus Bild? Kreuze an.

 [ ]
 [X]
 [ ]
 [X]

› Aussagen zum Text in die richtige Reihenfolge bringen
› Text und Bilder aufeinander beziehen

Sachtext

Leonardos größter Traum

Leonardo da *Vinci lebte vor etwa 550 Jahren.
Er interessierte sich für viele verschiedene Dinge.
Er war Musiker, Maler und Erfinder.

Leonardo hatte viele Ideen und Träume.
Er wollte zum Beispiel fliegen können.
Das war sein größter Traum.
Doch wie sollte dieser Traum wahr werden?
Nach vielen Jahren hatte Leonardo eine Idee.
Er wollte sich das Fliegen bei den Tieren abschauen.

Also sah Leonardo sich die Flügel von Vögeln an
und zeichnete Baupläne.
Dann baute er Flugmaschinen mit Flügeln
aus Holz, Leim und Leinwand.
Diese Maschinen waren aber viel zu schwer.
Leonardo fehlte für eine leichtere Flugmaschine
das richtige Material zum Bauen.

Leonardos Traum vom Fliegen erfüllte sich also leider nicht.
Aber Leonardo hat seinen Traum nie aufgegeben.
Deshalb ist er für viele Menschen bis heute ein Vorbild.

***Vinci**
Vinci ist ein italienischer Ort.
Man spricht es so aus: Winschie.

1 Kreuze an, welche 3 Wörter zu Leonardo da Vinci passen.

[X] Erfinder	[ ] Koch	[X] Maler
[ ] Autor	[X] Musiker	[ ] Dieb

› Einzelinformationen in einem Text finden

Sachtext

2 Welche 2 Gedanken passen zu Leonardo da Vinci? Male an.

- Ich würde so gerne fliegen können. (angemalt)
- Ich liebe Pferde.
- Am liebsten bin ich im Stall.
- Ich schaue mir die Flügel von Vögeln an. (angemalt)

3 Verbinde die passenden Satzteile.

- Leonardo da Vinci – ○ lebte vor etwa 560 Jahren. / ● lebte vor etwa 550 Jahren.
- Das Fliegen war – ● sein größter Traum. / ○ seine größte Angst.
- Leider war die Flugmaschine – ○ zu teuer. / ● zu schwer.
- Leonardos Traum vom Fliegen – ○ hat sich erfüllt. / ● hat sich nicht erfüllt.

(Verbunden: Leonardo da Vinci lebte vor etwa 550 Jahren. – Das Fliegen war sein größter Traum. – Leider war die Flugmaschine zu schwer. – Leonardos Traum vom Fliegen hat sich nicht erfüllt.)

4 Was stimmt? Was stimmt nicht? Kreuze an.

	👍	👎
Leonardo baute Flugmaschinen aus Metall und Holz.	[ ]	[X]
Die Flugmaschinen konnten nicht fliegen.	[X]	[ ]

› Aussagen zum Text überprüfen
› inhaltlich richtige Sätze bilden

Gebrauchstext: Plakat

STRENG GEHEIM

10 Regeln für das Detektivbüro von TEAM LUPE

1. Wir verraten niemand, wo das Detektivbüro ist.
2. Wir verraten niemand unser Passwort.
3. Wir kommen alle pünktlich zu den Treffen.
4. Wir sagen Bescheid, wenn wir nicht kommen können.
5. Wir halten das Detektivbüro gemeinsam sauber.
6. Wir legen die Lupe, den Notizblock, die Taschenlampe und das Fernglas immer zurück in den Detektivkoffer.
7. Wir ermitteln in einem Fall immer zusammen.
8. Wir machen eine Abstimmung, wenn es etwas zu entscheiden gibt.
9. Wir verdächtigen niemand einfach so. Wir sammeln zuerst Beweise.
10. Wir bringen uns nicht in Gefahr. Im Notfall holen wir einen Erwachsenen.

Lulu Umut Paul Elsa

1 Welche Gegenstände befinden sich im Detektivkoffer? Kreise ein.

› Antworten im Text finden und markieren

Gebrauchstext: Plakat

2 Welche Regel wird befolgt? Trage die richtige Zahl ein.

3 Beantworte die Fragen. Trage die Antworten in das Gitterrätsel ein.

1 Zu was kommen wir alle pünktlich?
2 Was sammeln wir zuerst?
3 Was verraten wir nicht?
4 Was machen wir, wenn es etwas zu entscheiden gibt?

1 Treffen
2 Beweise
3 Passwort
4 Abstimmung

Elsa, Umut, Paul und Lulu sind ein tolles Team.

› Text und Bilder aufeinander beziehen
› Fragen zum Text beantworten
› ein Gitterrätsel lösen

Sprachspiel: Gedicht (Elfchen)

Märchenhaft

Diese Gedichte heißen Elfchen. Sie bestehen aus 11 Wörtern. In jeder Zeile stehen unterschiedlich viele Wörter.

1
Schloss
dunkler Dornenwald
eine schlafende Prinzessin
ich hoffe, sie erwacht
Dornröschen

2
Winter
armes Waisenkind
Taler fallen herab
ich freue mich mit
Sterntaler

3
Prinzessin
grüner Frosch
holt goldene Kugel
ich finde ihn hilfsbereit
Froschkönig

4
Stiefmutter
schöne Prinzessin
trifft sieben Zwerge
ich finde es spannend
Schneewittchen

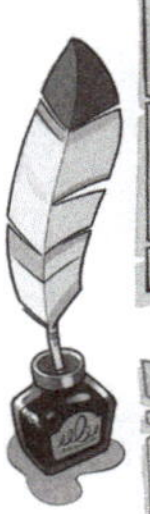

1 In jedem Elfchen fehlt die letzte Zeile. Setze die Silben richtig zusammen und trage oben passend ein.

rös Dorn chen	ler ta Stern
Frosch nig kö	witt Schnee chen

› Silben zu sinnvollen Wörtern zusammensetzen
› ein Elfchen vervollständigen

Sprachspiel: Gedicht (Elfchen)

2 Welches Bild passt zu welchem Elfchen? Trage die richtige Zahl ein.

3 Zähle die Wörter in jeder Zeile dieses Elfchens. Schreibe.

Wald
kleines Mädchen
will zur Großmutter
ich erkenne den Wolf
Rotkäppchen

1. Zeile: 1 Wort.
2. Zeile: 2 Wörter.
3. Zeile: 3 Wörter.
4. Zeile: 4 Wörter.
5. Zeile: 1 Wort.

4 Ordne die Zeilen passend zu und schreibe ein Elfchen.

~~Turm~~ ~~ich mag ihre Haare~~ ~~Prinz klettert hinauf~~ ~~langes Haar~~ ~~Rapunzel~~

Turm
langes Haar
Prinz klettert hinauf
ich mag ihre Haare
Rapunzel

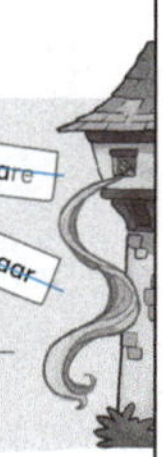

› Text und Bilder aufeinander beziehen
› die Struktur eines Elfchens erkennen
› mit Vorgaben ein eigenes Elfchen verfassen

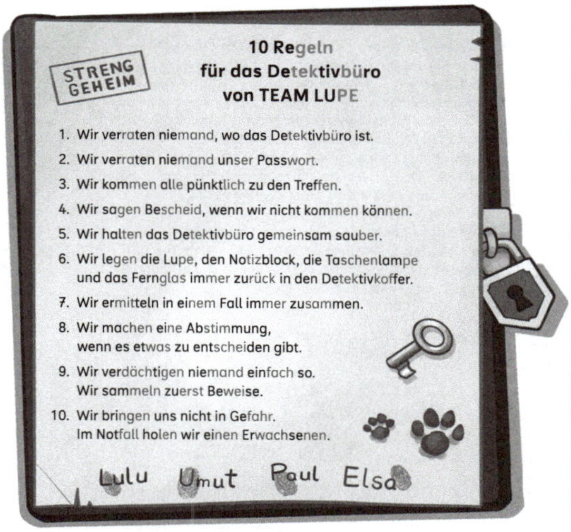

Detektivwissen überprüfen

Wohin wirst du fliegen?

Elsa schaut aus dem Fenster in den blauen Himmel. Elsa ist krank und hat Fieber. Deshalb darf sie heute leider nicht zu Oma.

In der Hand hält Elsa einen Flieger aus Papier. Den hat sie gebastelt. Nun will sie ihn starten lassen. Sie holt aus und wirft mit aller Kraft. Und wusch – ist der Flieger aus dem Fenster geflogen.

Elsa schaut ihm verträumt nach und überlegt: „Wohin wirst du fliegen? Vielleicht zu Oma? Vielleicht bringt dich der Wind auch noch weiter. Dann segelst du bis zu den Windrädern dort hinten oder sogar bis zum blauen Meer." Elsa lächelt. Diesen Gedanken findet sie schön.

1 Die Überschrift versteckt sich auch im Text. Unterstreiche sie dort.

2 Welche Reihenfolge ist richtig? Nummeriere.

3

1

2

› Einzelinformation in einem Text finden
› Textinhalt und Bilder aufeinander beziehen
› den eigenen Lernstand einschätzen

Spurensicherung: Der 6. Hinweis!

Hinterher!

Paul liest vor: „Bitte lasst Sofie in Ruhe. Sie war es nicht."
„Wer schreibt uns das?", fragt Elsa.
Lulu malt ein Phantombild von dem Jungen.
Elsa schlägt vor, den Umschlag auf Fingerabdrücke zu untersuchen.
Dafür brauchen die Kinder neues Fingerabdruckpulver aus dem Bastelladen. Dort treffen sie zufällig Mia.
Paul sagt: „Hallo! Geht es dir wieder besser?"
Mia wird rot. „Äh ... ja. War nur Halsweh. Ist schon weg", murmelt sie, zahlt schnell an der Kasse und verschwindet.
Paul findet Mias Verhalten seltsam.
Umut flüstert: „Kommt, wir gehen ihr mal hinterher!"
Die Detektive folgen Mia heimlich bis zu einem Bolzplatz.
Plötzlich ruft Elsa: „Lulu, zeig uns bitte nochmal das Phantombild. Ich glaube, Mia geht zu diesem Jungen."

? Wo hat Elsa jemanden entdeckt? Links oder rechts im Bild?

- [x] links (6a) n
- [ ] rechts (6b) s

Mein Stickerbogen

TEAM LUPE ERMITTELT

Illustrationen: Michael Stapper

DER KRIMI IM HEFT

SO GEHT ES: TEIL 2

Bearbeite so alle 6 Kapitel im Heft.
Am Ende hast du dann 6 Hinweis-Sticker in der Fallakte gesammelt.

3 Die Fallakte

Auf dieser Seite sammelst du die 6 richtigen Hinweis-Sticker.

Auf jedem Sticker findest du einen Buchstaben. Die Buchstaben ergeben das Passwort. Trage jeden Buchstaben in das passende Kästchen ein.

Hinweis 1 = Buchstabe 1 → 1

Außerdem kannst du in der Fallakte das Ende des Falls lesen.

FALL GELÖST!

Brauchst du dabei Hilfe? Frage einen Erwachsenen.

4

Gehe im Internet auf diese Seite:

www.team-lupe-ermittelt.de/konzert

Gib nun das Passwort ein.

Hast du das richtige Passwort eingegeben? Dann wartet eine kleine Überraschung auf dich.

Illustrationen: Michael Stapper

Erzähltext

2 Was stimmt? Was stimmt nicht?
Kreuze an.

Umut, Lulu, Paul und Elsa spielen Schatzsuche.	☐	☐
Elsa hört etwas knirschen.	☐	☐
Paul erklärt, was sie gefunden haben.	☐	☐
Lulu wackelt mit dem Arm.	☐	☐

3 Welcher Wunsch gehört zu welchem Kind?
Verbinde.

Gesundheit

viel Geld

viele Wünsche

fliegen können

Glücksbringer

Das Hufeisen ist ein beliebter Glücksbringer.
Es ist wichtig, das Hufeisen
wie den Buchstaben U aufzuhängen.
Dann kann das Glück von oben
in das Hufeisen hineinfallen.

Das Kleeblatt ist ein bekannter Glücksbringer.
Ein normales Kleeblatt hat drei Blätter.
Manchmal wächst durch Zufall aber noch ein viertes Blatt dazu.
Ein Kleeblatt mit vier Blättern ist sehr selten.
Deshalb soll es Glück bringen, ein Kleeblatt mit vier Blättern zu finden.

In Japan ist die Maneki-neko ein Glücksbringer.
Das ist eine Katzenfigur.
Die Katze winkt mit einer Pfote.
Maneki-neko, die mit der rechten Pfote winken,
sollen dem Besitzer Reichtum und Glück bringen.

1 Unterstreiche die Namen der 3 Glücksbringer in den Texten.

2 Schreibe jeweils die passende Überschrift über die 3 Texte.

Winkende Katze | Glück fällt von oben | Vier Blätter

› Informationen im Text finden und markieren
› zentrale Aussagen von Texten erfassen und passende Überschriften zuordnen

3 Welche Bilder zeigen die Glücksbringer aus den Texten? Kreuze an.

☐ 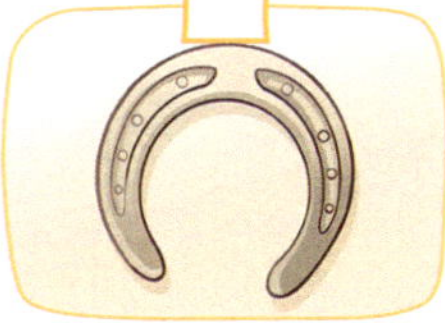
☐ 
☐ 
☐ 
☐ 
☐ 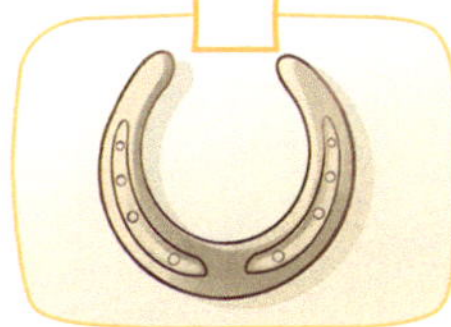

4 Beantworte die Fragen. Schreibe.

Wo ist Maneki-neko ein Glücksbringer?

____

Wie viele Blätter hat ein Kleeblatt normalerweise?

____

Welchem Buchstaben sieht das aufgehängte Hufeisen ähnlich?

____

5 Streiche das falsche Wort durch.

Das Glück soll von oben/unten in das Hufeisen fallen.
Vier Blätter an einem Kleeblatt sind normal/selten.
In den Texten geht es um vier/drei verschiedene Glücksbringer.

› einem Text Informationen entnehmen und Text und Bilder aufeinander beziehen
› Fragen zum Text beantworten
› inhaltlich richtige Sätze bilden

Die Packliste

Mama	Papa	Marta	Paul
Handtücher	Essen und Trinken	Bikini	Buch
Geschirr	Kleidung für alle	Sonnenhut	Badehose
Taschenmesser	Taucherbrille	Süßigkeiten	Knabbersachen
Sonnencreme	Zahnbürsten und Zahnpasta	Taucherbrille	Kartenspiele

1 Beantworte die Fragen.
Kreuze an.

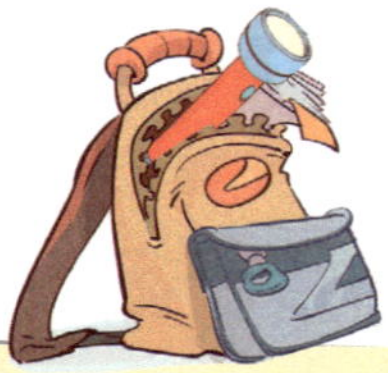

Wer nimmt ein Taschenmesser mit?

☐ Mama ☐ Papa ☐ Marta ☐ Paul

Wer nimmt ein Buch mit?

☐ Mama ☐ Papa ☐ Marta ☐ Paul

Was nehmen Papa und Marta beide mit?

☐ Taucherbrille ☐ Taschenlampe ☐ Handtücher

› Tabellenaufbau verstehen
› einer Tabelle Informationen entnehmen

Gebrauchstext: Tabelle

2 Was packen Paul und Marta ein?
Kreise Pauls Sachen grün und Martas Sachen gelb ein.

3 Beantworte die Fragen.
Schreibe.

Was für Spiele hat Paul dabei?

____

Was schützt Martas Kopf vor der Sonne?

____

Was nimmt Paul zum Baden mit?

____

Was hat Marta zu naschen dabei?

____

› einer Tabelle Informationen entnehmen
› Tabelleninhalt und Bilder aufeinander beziehen
› Fragen zu einer Tabelle beantworten

Sprachspiel: Gedicht (Akrostichon)

Hoch sollst du leben!

Hallo Mama!
Es gratulieren dir
Rasmus, Hanna und Papa.
Zum Geburtstag wünschen wir dir alles Gute.
Lass dich von uns verwöhnen.
In der Maschine läuft schon der Kaffee,
Cornflakes und Milch stehen auf dem Tisch.
Hoch sollst du leben!
Einen tollen Tag sollst du haben.
Nachher gibt es auch noch Kuchen.

Gemeinsam wünschen wir dir:
Liebe
Überraschungen
Cabrio-Fahrten
Kraft
Wärme
Urlaub
Naschsachen
Spaß
Café-Besuche
Heiterkeit

1 Schreibe den Anfangsbuchstaben aus jeder Zeile der Reihe nach ab.

H										
G										

› die Struktur eines Akrostichons kennen

Sprachspiel: Gedicht (Akrostichon)

2 Unterstreiche die Antworten im Text.

Grün: Wer gratuliert?
Gelb: Was läuft schon in der Maschine?
Rot: Was gibt es nachher noch zu essen?

3 Welcher Wunsch aus dem Text ist gemeint? Verbinde.

Liebe

Urlaub

Naschsachen

Café-Besuche

4 Zu welchem Ereignis hat die Familie den Brief geschrieben? Kreuze an.

☐ zu Papas Geburtstag ☐ zu Mamas Geburtstag
☐ zum Muttertag ☐ zum Vatertag

5 Welche Dinge aus dem Brief würdest du deiner Mama oder deinem Papa auch wünschen? Schreibe auf.

____

____

› Antworten im Text finden und markieren
› Textinhalt und Bilder aufeinander beziehen
› Fragen zum Text beantworten

Detektivwissen überprüfen

WILLKOMMEN im Familienpark

Sonnenland

PREISE

Kinder unter 5 Jahren	Eintritt frei
Kinder ab 5 Jahren	8 €
Erwachsene	16 €
Familienticket	30 €

ÖFFNUNGSZEITEN

Dezember bis Februar	geschlossen
März bis September	9:30–19:30 Uhr
Oktober bis November	9:00–18:00 Uhr

1 Welche Aussagen stimmen?
Male diese 2 Sprechblasen gelb an.

Im Dezember ist der Park geschlossen.

Ich bin sechs Jahre alt. Mein Eintritt ist frei.

Ich habe heute Geburtstag und muss keinen Eintritt zahlen.

Im März hat der Park bis 18:00 Uhr auf.

› Aussagen zum Text überprüfen
› den eigenen Lernstand einschätzen

Spurensicherung: Der 4. Hinweis!

TEAM LUPE ist Sofie bis zur Bäckerei gefolgt.
Sofie tritt wütend aus dem Laden und ruft:
„Wieso verfolgt ihr mich? Ihr nervt!
Ich geh jetzt nach Hause. Alleine!"
Lulu, Umut, Paul und Elsa schauen sich ratlos an.
Lulu meint: „Vielleicht haben wir Sofie Unrecht getan.
Immerhin hat sie das mit dem Plakat ja gleich zugegeben."
Paul sagt: „Stimmt. Aber wer hat dann die Noten versteckt?
Wir müssen herausfinden, ob noch jemand gegen das Konzert ist."
Schon bei der nächsten Probe passiert wieder etwas Merkwürdiges.
Das Klavier ist abgeschlossen und der Schlüssel ist weg.
Alle Kinder suchen gemeinsam, aber der Schlüssel bleibt verschwunden.
Zum Glück hat der Hausmeister einen Ersatzschlüssel.

? Welcher Schlüssel passt in das Klavierschloss?

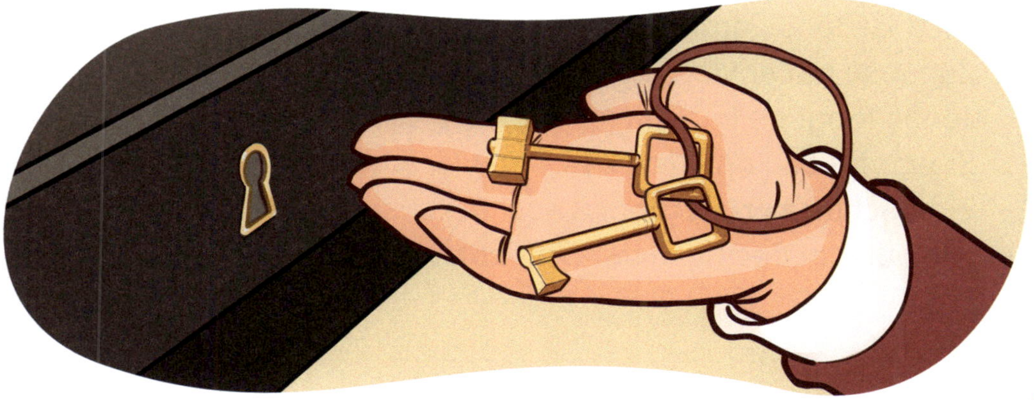

☐ Schlüssel 1 — 4a

☐ Schlüssel 2 — 4b

Mut

Jonas soll heute sein Lieblingsbuch in der Klasse vorstellen.
Das Buch heißt „Das Sams“.
Jonas hat es von seiner Mutter geschenkt bekommen.
Sie hat das Buch gelesen, als sie ein Kind war.

Jonas ist nervös. Er schwitzt.
Hoffentlich rutscht ihm das Buch nicht aus der Hand.
Dann lachen vielleicht alle.
Sein bester Freund Lars hat ihm vor der Stunde Mut gemacht:
„Du schaffst das!“

Jetzt ist Jonas dran. Er geht nach vorne und holt tief Luft.
Zuhause hat er viel geübt.
Jonas fängt an und mit jedem Wort wird er sicherer.
Er erzählt den anderen Kindern alles über das Sams.
Zum Schluss erklärt Jonas noch,
wie gut ihm das Buch gefallen hat.

Als er fertig ist, ist es kurz still.
Jonas denkt: „Oh nein, fanden die anderen das Buch doof?“
Aber dann applaudiert die ganze Klasse laut.
Es hat allen Kindern gut gefallen.
Lars zwinkert ihm zu.
Jonas ist froh, dass er so einen guten Freund hat.

› einen Erzähltext verstehend lesen

Erzähltext

1 Ordne die Überschriften den passenden Absätzen zu.
Schreibe sie auf die Linien.

Die Vorstellung

Der Applaus

Das Buch

Das Lampenfieber

2 Beantworte die Fragen. Kreuze an.

Wie heißt Jonas Lieblingsbuch?

- ☐ das Sums
- ☐ das Soms
- ☐ das Sams

Wer hat Jonas das Buch geschenkt?

- ☐ sein Vater
- ☐ seine Mutter
- ☐ seine Lehrerin

3 Lies im Text. Setze passend in die Lücken ein.

Jonas soll heute sein Lieblingsbuch ____________

in der Klasse vorstellen.

Jonas ist ____________.

Sein bester Freund Lars hat ihm vor der Stunde ____________ gemacht.

Jonas geht nach vorne und holt tief ____________.

Als er fertig ist, ist es kurz ____________.

Aber dann applaudiert die ganze Klasse ____________.

› zentrale Aussagen von Textabschnitten erfassen und Überschriften zuordnen
› Fragen zum Text beantworten
› einem Text Informationen entnehmen

Das sind doch alles Märchen

A Ein Märchen ist eine kurze Erzählung oder Geschichte.
Viele Märchen beschreiben Abenteuer von Menschen oder Tieren.
Die meisten Märchen beginnen so: *„Es war einmal ...“*
Die meisten Märchen enden so: *„Sie lebten glücklich bis an ihr Lebensende.“*

B In Märchen kann es auch magische Wesen geben,
zum Beispiel Drachen oder Zwerge.
In Märchen kommen oft bestimmte Zahlen vor:
Der Wolf und die *sieben* Geißlein.

C Es gibt sehr bekannte Märchen-Autoren.
Hans Christian Andersen lebte in Dänemark.
Er hat sich die Geschichten genau vorgestellt
und dann aufgeschrieben.
Solche ausgedachten Märchen nennt man Kunstmärchen.

D Die Brüder Grimm lebten in Deutschland.
Sie haben sich von vielen Leuten aus dem Volk*
Märchen erzählen lassen.
Diese Märchen haben sie dann aufgeschrieben.
Deshalb heißen diese Märchen Volksmärchen.

**Volk*
Volk ist eine große Menge von Menschen. Meist sind damit alle Menschen eines Landes gemeint.

1 Unterstreiche die Textstellen in der passenden Farbe.

Orange:	„Es war einmal ...“
Grün:	„Sie lebten glücklich bis an ihr Lebensende.“
Blau:	Brüder Grimm

› Antworten im Text finden und markieren

Sachtext

2 Welche Überschrift passt zu welchem Abschnitt?
Trage die Buchstaben A bis D ein.

- Volksmärchen ◯
- Merkmale von Märchen ◯
- Kunstmärchen ◯
- Wesen und Zahlen ◯

3 Verbinde die passenden Satzteile.

In einem Märchen ○	○ kommen Ufos vor. ○ kommen oft Zahlen vor.
Hans Christian Andersen ○	○ lebte in Dänemark. ○ lebte in Nimmerland.
Selbst ausgedachte Märchen ○	○ sind Bildmärchen. ○ sind Kunstmärchen.

4 Welche Märchenfiguren werden im Text genannt?
Kreise sie ein.

Gebrauchstext: Diagramm

Umfrage in der 3b

Elsa hat eine Umfrage in ihrer Klasse gemacht.
Sie hat die Kinder gefragt,
ob sie jeden Tag die folgenden Medien benutzen:

Man kann sich durch Medien informieren. Oft werden Medien auch zum Spaß genutzt.

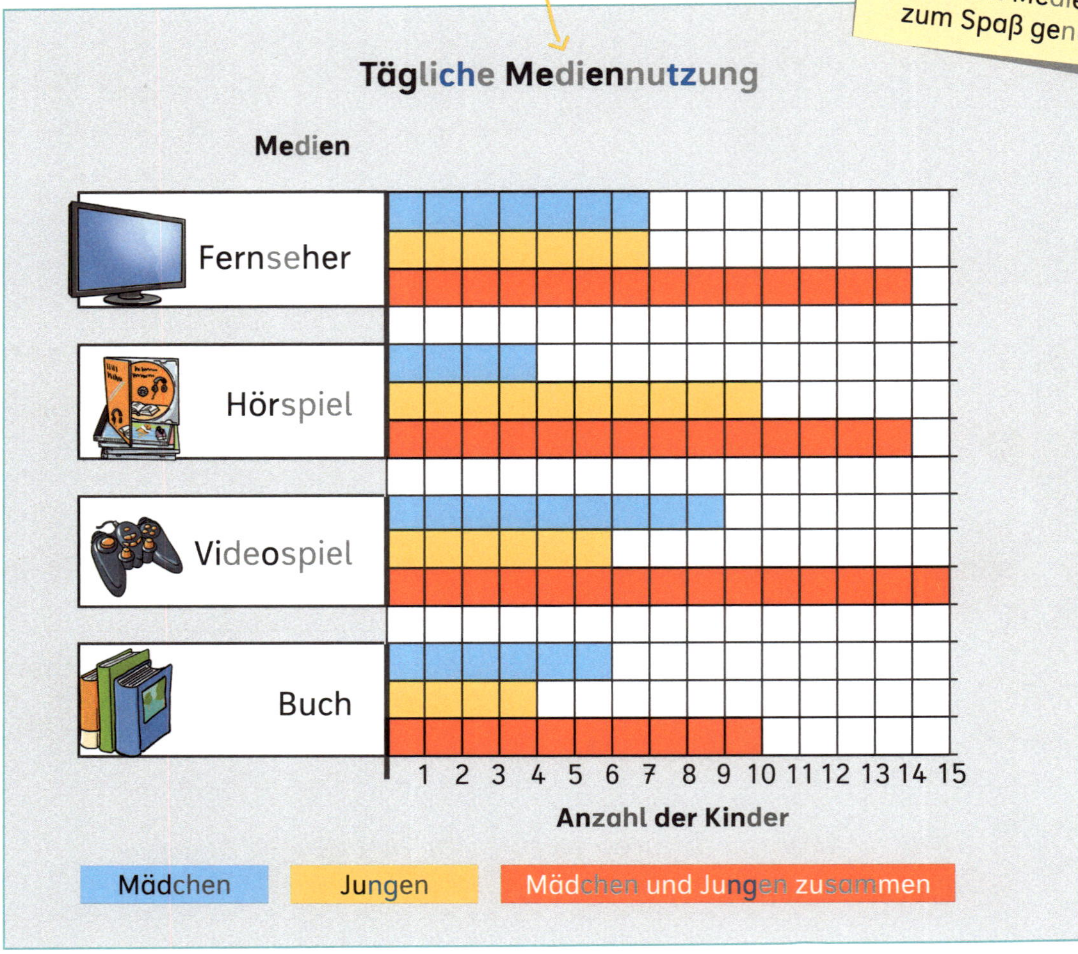

1 Wofür stehen die Farben? Verbinde.

- ○ Mädchen und Jungen zusammen
- ○ Jungen
- ○ Mädchen

Gebrauchstext: Diagramm

2 Was stimmt? Was stimmt nicht? Kreuze an.

	👍	👎
Jungen hören öfter Hörspiele.	☐	☐
Mädchen und Jungen gucken gleich oft Fernsehen.	☐	☐
Mädchen lesen öfter ein Buch.	☐	☐
Jungen spielen häufiger Videospiele.	☐	☐

3 Beantworte die Fragen. Schreibe.

Wie viele Mädchen nutzen den Fernseher?

____

Wie viele Jungen hören ein Hörspiel?

____

Wie viele Mädchen spielen Videospiele?

____

Wie viele Kinder lesen jeden Tag in einem Buch?

____

Was wird von den Kindern insgesamt am meisten genutzt?

____

› einem Balkendiagramm Informationen entnehmen
› Fragen zum Text beantworten

Sprachspiel: Gedicht

Der Bücherwurm

1 „Was für ein wundervoller Bücherturm“,
dachte sich der Bücherwurm.
Er griff die Bücher wie besessen
und fing gleich an sich durchzufressen.

2 Ein Sachbuch war sein erstes Futter,
danach ein Kochbuch voller Butter.
Der Wurm, er war noch lang nicht satt,
da aß er schon das nächste Blatt.

3 Ein Comic machte ihn noch wilder,
ihm schmeckten all die bunten Bilder.
Doch der Wurm, er wollt’ noch mehr,
fraß sich durch alles, kreuz und quer.

4 Das Märchenbuch war auch vorzüglich,
damit macht’s sich der Wurm gemütlich.
Das wird euch jetzt nicht überraschen:
Darin fand er ganz viel zu naschen.

5 Ein Krimi tat es ihm besonders an,
der Detektiv darin war wundersam.
Das letzte Buch war voller Witze,
der Wurm, er lachte, und fand’s spitze.

1 Unterstreiche im Gedicht alle Reimwörter.
Sie stehen am Ende jeder Zeile.

Sprachspiel: Gedicht

2 Welche Bücher fraß der Bücherwurm? Kreise ein.

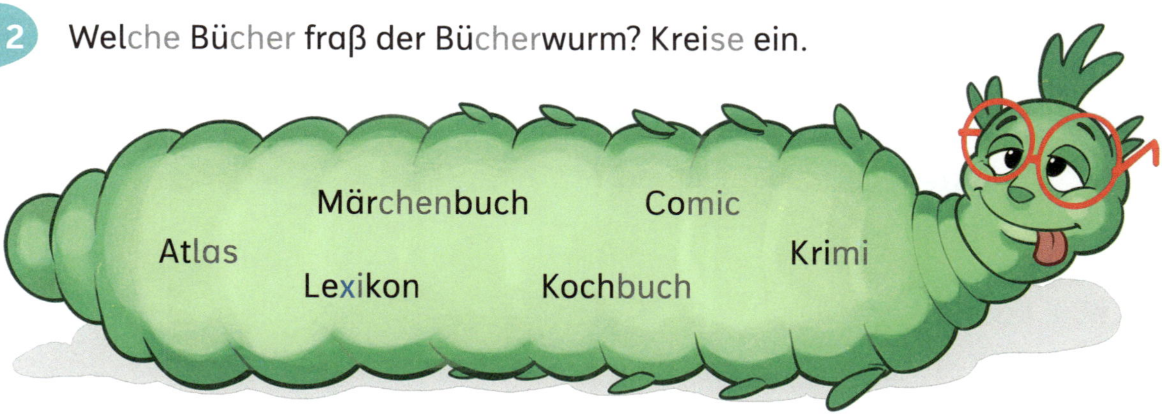

3 Zu welcher der 5 Strophen passen die Bilder?
Trage ein.

4 Welche der 5 Strophen ist jeweils gemeint?
Schreibe.

Der Wurm war nicht satt.	*Strophe:* 2
Ein Comic machte ihn wilder.	*Strophe:* ______
Ein Detektiv war wundersam.	*Strophe:* ______
Das Märchenbuch war vorzüglich.	*Strophe:* ______
Der Wurm fraß sich durch die Bücher.	*Strophe:* ______

› einem Gedicht Informationen entnehmen
› Gedichtinhalt und Bilder aufeinander beziehen
› Wortbedeutung verstehen

Detektivwissen überprüfen

kathrin@familiemeier.de

Ferien

Liebe Kathrin,
wie geht es dir?
Meine Ferien waren so toll! Wir waren dieses Jahr an der Nordsee.
Dort haben wir eine Wattwanderung gemacht. Bei Ebbe ist das Meer weit weg.
Dann kann man über den Meeresboden laufen. Das nennt man Watt.
Das Watt sieht aus wie Matsch und es fühlt sich kühl an den Füßen an.

An einem anderen Tag haben wir am Strand in der Sonne gelegen.
Ich hatte mein Lieblingsbuch dabei.
Unter unserem Sonnenschirm konnte ich in Ruhe lesen.
Im Meer bin ich auch geschwommen.
Unser Urlaub hat mir viel Spaß gemacht.
Wie waren deine Ferien?

Liebe Grüße,
Raphael

1 Streiche das falsche Wort durch.

Raphael hat die E-Mail/Postkarte geschrieben.
Bei Ebbe/Flut ist das Meer weit weg.
Das Watt sieht aus wie Matsch/Sand.
Raphael hat ein Buch gelesen/gekauft.
Raphael lag unter einem Sonnensegel/Sonnenschirm.

› die Textsorte E-Mail kennen
› einem Text Informationen entnehmen
› den eigenen Lernstand einschätzen

Spurensicherung: Der 5. Hinweis!

Am nächsten Tag ist Mia krank und kommt nicht zur Probe.
Herr Moll sagt zu Sofie:
„Dann darfst du heute das Solo singen."
Sofie freut sich riesig und singt sehr gut.
Nach der Probe wartet ein Junge im Flur.
Plötzlich drückt er Umut einen Umschlag in die Hand
und nuschelt: „Den soll ich dir von meiner Schwester geben."
Umut ruft: „Warte! Wer ist denn deine Schwester?"
Aber der Junge ist schon weg.
Im Umschlag findet Umut den Klavierschlüssel
und einen Zettel voller Schokoflecken.
TEAM LUPE versucht, die Nachricht zu entschlüsseln.

?

Die Schokoflecken verdecken einige Buchstaben.
Entschlüssele die Nachricht.
Wie lautet sie?

☐ Sofie war es.

5a

☐ Sofie war es nicht.

5b

Lulus Planet

Lulu sitzt am Küchentisch und malt. Papa kommt von der Arbeit und geht zu Lulu in die Küche.

Papa fragt: „Was malst du denn da?“ Dabei schaut er neugierig über Lulus Schulter. Lulu dreht sich zu ihrem Papa um. Sie lächelt und antwortet: „Ich male meinen Planeten, Papa.“ „Deinen Planeten?“, fragt Papa erstaunt. Lulu nickt und erzählt: „Wir haben heute im Unterricht über Planeten gesprochen. Da habe ich vorhin Lust bekommen, meinen Planeten zu erfinden.“

Lulu hält das fast fertige Bild hoch. Sie erklärt: „Auf meinem Planeten gibt es nur grüne, gelbe, lilafarbene und blaue Sachen. Es gibt grüne Hasen mit blauen Ohren. Der Himmel ist gelb. Der Boden ist lila. Die Vögel sind blau und haben vier Flügel.“ „Vier Flügel?“, fragt Papa verwundert. Lulu meint grinsend: „Auf meinem Planeten ist alles möglich.“

1 Welche 2 Sätze stehen genau so im Text? Kreuze an.

☐ Lulu dreht sich zu Papa um.

☐ Lulu dreht sich zu ihrem Papa um.

☐ Lulu hält das fast fertige Bild hoch.

☐ Lulu hält das fertige Bild hoch.

Erzähltext

2 Bringe die Aussagen in die richtige Reihenfolge.
Trage die Zahlen von 1 bis 4 ein.

- ◯ Lulu erklärt das Bild.
- ◯ Papa möchte wissen, was Lulu malt.
- 1 Papa kommt zu Lulu in die Küche.
- ◯ Lulu erzählt vom Unterricht.

3 Welche 2 Ausschnitte gehören zu Lulus Bild?
Kreuze an.

Leonardos größter Traum

Leonardo da *Vinci lebte vor etwa 550 Jahren. Er interessierte sich für viele verschiedene Dinge. Er war Musiker, Maler und Erfinder.

Leonardo hatte viele Ideen und Träume. Er wollte zum Beispiel fliegen können. Das war sein größter Traum. Doch wie sollte dieser Traum wahr werden? Nach vielen Jahren hatte Leonardo eine Idee. Er wollte sich das Fliegen bei den Tieren abschauen.

Also sah Leonardo sich die Flügel von Vögeln an und zeichnete Baupläne. Dann baute er Flugmaschinen mit Flügeln aus Holz, Leim und Leinwand. Diese Maschinen waren aber viel zu schwer. Leonardo fehlte für eine leichtere Flugmaschine das richtige Material zum Bauen.

Leonardos Traum vom Fliegen erfüllte sich also leider nicht. Aber Leonardo hat seinen Traum nie aufgegeben. Deshalb ist er für viele Menschen bis heute ein Vorbild.

**Vinci*
Vinci ist ein italienischer Ort.
Man spricht es so aus: Winschie.

1 Kreuze an, welche 3 Wörter zu Leonardo da Vinci passen.

- ☐ Erfinder
- ☐ Koch
- ☐ Maler
- ☐ Autor
- ☐ Musiker
- ☐ Dieb

2 Welche 2 Gedanken passen zu Leonardo da Vinci? Male an.

Ich würde so gerne fliegen können.

Ich liebe Pferde.

Am liebsten bin ich im Stall.

Ich schaue mir die Flügel von Vögeln an.

3 Verbinde die passenden Satzteile.

Leonardo da Vinci ○	○ lebte vor etwa 560 Jahren. ○ lebte vor etwa 550 Jahren.
Das Fliegen war ○	○ sein größter Traum. ○ seine größte Angst.
Leider war die Flugmaschine ○	○ zu teuer. ○ zu schwer.
Leonardos Traum vom Fliegen ○	○ hat sich erfüllt. ○ hat sich nicht erfüllt.

4 Was stimmt? Was stimmt nicht? Kreuze an.

	👍	👎
Leonardo baute Flugmaschinen aus Metall und Holz.	☐	☐
Die Flugmaschinen konnten nicht fliegen.	☐	☐

› Aussagen zum Text überprüfen
› inhaltlich richtige Sätze bilden

STRENG GEHEIM

10 Regeln für das Detektivbüro von TEAM LUPE

1. Wir verraten niemand, wo das Detektivbüro ist.
2. Wir verraten niemand unser Passwort.
3. Wir kommen alle pünktlich zu den Treffen.
4. Wir sagen Bescheid, wenn wir nicht kommen können.
5. Wir halten das Detektivbüro gemeinsam sauber.
6. Wir legen die Lupe, den Notizblock, die Taschenlampe und das Fernglas immer zurück in den Detektivkoffer.
7. Wir ermitteln in einem Fall immer zusammen.
8. Wir machen eine Abstimmung, wenn es etwas zu entscheiden gibt.
9. Wir verdächtigen niemand einfach so. Wir sammeln zuerst Beweise.
10. Wir bringen uns nicht in Gefahr. Im Notfall holen wir einen Erwachsenen.

Lulu Umut Paul Elsa

1 Welche Gegenstände befinden sich im Detektivkoffer? Kreise ein.

› Antworten im Text finden und markieren

Gebrauchstext: Plakat

2 Welche Regel wird befolgt? Trage die richtige Zahl ein.

3 Beantworte die Fragen. Trage die Antworten in das Gitterrätsel ein.

1 Zu was kommen wir alle pünktlich?
2 Was sammeln wir zuerst?
3 Was verraten wir nicht?
4 Was machen wir, wenn es etwas zu entscheiden gibt?

1
2
3
4

Elsa, Umut, Paul und Lulu sind ein tolles ____ .

1 2 3 4

› Text und Bilder aufeinander beziehen
› Fragen zum Text beantworten
› ein Gitterrätsel lösen

Sprachspiel: Gedicht (Elfchen)

Diese Gedichte heißen Elfchen.
Sie bestehen aus 11 Wörtern.
In jeder Zeile stehen
unterschiedlich viele Wörter.

Märchenhaft

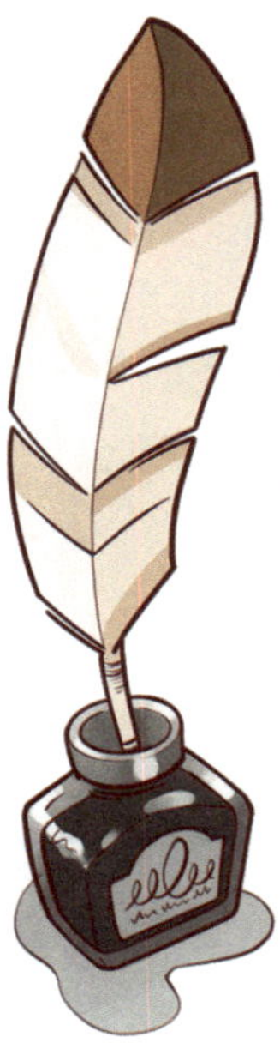

1

Schloss
dunkler Dornenwald
eine schlafende Prinzessin
ich hoffe, sie erwacht
____

2

Winter
armes Waisenkind
Taler fallen herab
ich freue mich mit
____

3

Prinzessin
grüner Frosch
holt goldene Kugel
ich finde ihn hilfsbereit
____

4

Stiefmutter
schöne Prinzessin
trifft sieben Zwerge
ich finde es spannend
____

1 In jedem Elfchen fehlt die letzte Zeile.
Setze die Silben richtig zusammen und trage oben passend ein.

rös	Dorn	chen
Frosch	nig	kö

ler	ta	Stern
witt	Schnee	chen

› Silben zu sinnvollen Wörtern zusammensetzen
› ein Elfchen vervollständigen

Sprachspiel: Gedicht (Elfchen)

2 Welches Bild passt zu welchem Elfchen? Trage die richtige Zahl ein.

3 Zähle die Wörter in jeder Zeile dieses Elfchens. Schreibe.

Wald
kleines Mädchen
will zur Großmutter
ich erkenne den Wolf
Rotkäppchen

1. Zeile: ______ Wort.
2. Zeile: ______ Wörter.
3. Zeile: ______ Wörter.
4. Zeile: ______ Wörter.
5. Zeile: ______ Wort.

4 Ordne die Zeilen passend zu und schreibe ein Elfchen.

~~Turm~~ Turm

ich mag ihre Haare

Prinz klettert hinauf ____________________

langes Haar

Rapunzel ____________________

____

____

› Text und Bilder aufeinander beziehen
› die Struktur eines Elfchens erkennen
› mit Vorgaben ein eigenes Elfchen verfassen

Detektivwissen überprüfen

Wohin wirst du fliegen?

Elsa schaut aus dem Fenster in den blauen Himmel. Elsa ist krank und hat Fieber. Deshalb darf sie heute leider nicht zu Oma.

In der Hand hält Elsa einen Flieger aus Papier. Den hat sie gebastelt. Nun will sie ihn starten lassen. Sie holt aus und wirft mit aller Kraft. Und wusch – ist der Flieger aus dem Fenster geflogen.

Elsa schaut ihm verträumt nach und überlegt: „Wohin wirst du fliegen? Vielleicht zu Oma? Vielleicht bringt dich der Wind auch noch weiter. Dann segelst du bis zu den Windrädern dort hinten oder sogar bis zum blauen Meer.“ Elsa lächelt. Diesen Gedanken findet sie schön.

1 Die Überschrift versteckt sich auch im Text. Unterstreiche sie dort.

2 Welche Reihenfolge ist richtig? Nummeriere.

› Einzelinformation in einem Text finden
› Textinhalt und Bilder aufeinander beziehen
› den eigenen Lernstand einschätzen

Spurensicherung: Der 6. Hinweis!

Hinterher!

Paul liest vor: „Bitte lasst Sofie in Ruhe. Sie war es nicht.“
„Wer schreibt uns das?“, fragt Elsa.
Lulu malt ein Phantombild von dem Jungen.
Elsa schlägt vor, den Umschlag auf Fingerabdrücke zu untersuchen.
Dafür brauchen die Kinder neues Fingerabdruckpulver
aus dem Bastelladen. Dort treffen sie zufällig Mia.
Paul sagt: „Hallo! Geht es dir wieder besser?“
Mia wird rot. „Äh ... ja. War nur Halsweh. Ist schon weg“,
murmelt sie, zahlt schnell an der Kasse und verschwindet.
Paul findet Mias Verhalten seltsam.
Umut flüstert: „Kommt, wir gehen ihr mal hinterher!“
Die Detektive folgen Mia heimlich bis zu einem Bolzplatz.
Plötzlich ruft Elsa: „Lulu, zeig uns bitte nochmal das Phantombild.
Ich glaube, Mia geht zu diesem Jungen.“

? Wo hat Elsa jemanden entdeckt?
Links oder rechts im Bild?

☐ links
6a

☐ rechts
6b

Die Fallakte: Konzert in Gefahr

In die weißen Felder kommen deine Hinweis-Sticker.

Hinweis 1

1

Hinweis 2

2

Hinweis 3

3

Hinweis 4

4

Hinweis 5

5

Hinweis 6

6

Jetzt fehlt dir nur noch ein PASSWORT.
Trage aus jedem Sticker den Buchstaben
in das passende Kästchen ein.

Umut und Mia bekommen:

1	2	3	4	5	6

Glückwunsch!
Gemeinsam mit TEAM LUPE hast du den Fall gelöst.
Das Wort ist dein PASSWORT für:
www.team-lupe-ermittelt.de/konzert

Brauchst du dabei Hilfe?
Frage einen Erwachsenen.

ACHTUNG: DAS ENDE DES FALLS

ACHTUNG: DAS ENDE DES FALLS

TEAM LUPE erkennt: Der Junge ist Mias Bruder!
Sie gehen zu Mia und Paul fragt: „Mia, hast du uns den Umschlag geschickt und die Noten und den Klavierschlüssel versteckt?“
Da gibt es Mia zu: „Ja! Ich hatte Angst, dass ich falsch singe und alle über mich lachen.“
Umut schüttelt den Kopf. „Keiner wird über dich lachen, Mia! Du hättest doch mit Herrn Moll reden können.“
Mia schluckt. „Stimmt. Ich wollte nicht zugeben, dass ich Angst habe. Es tut mir so leid. Das werde ich auch gleich Herrn Moll sagen.“
Umut nickt. „Ja, das ist gut. Und wenn du magst, üben wir zusammen.“

„Super“, sagt Paul. „Den Fall haben wir gelöst. Aber wir müssen uns noch bei Sofie entschuldigen. Wir haben sie zu Unrecht weiter verdächtigt.“

FALL GELÖST!

RECHTE UND IMPRESSUM

westermann GRUPPE

Druck A[1] / Jahr 2022
Alle Drucke der Serie A sind im Unterricht parallel verwendbar.

Redaktion: Lisa Prückler, Christine Mildner/Hamburg
Krimigeschichte: Henriette Wich
Illustrationen: Michael Stapper, Matthias Berghahn, Iris Blanck, Cesare Asaro, Zapf
Umschlaggestaltung: Stephanie Schober, mit Illustrationen von Michael Stapper
Layout: PER Medien, Braunschweig
Druck und Bindung: Westermann Druck GmbH, Georg-Westermann-Allee 66, 38104 Braunschweig

ISBN 978-3-14-**141476**-9